KB266590

AI 시대,
트럼프와 이재명의
ESG 전쟁

AI 시대,

트럼프와 이재명의

ESG 전쟁

김태한 지음

SAY KOREA

1부. 트럼프 2.0 시대: 안티 ESG와 글로벌 패권 경쟁

1장. 트럼프의 역습: '착한 경영'의 시대는 끝났다

2장. 트럼프가 ESG를 버릴 수 없는 이유: 중국을 굴복시킬 무기

2부. 에너지와 자본이 재편하는 새로운 힘의 질서

3부. 이재명 정부와 AI 혁명: 100대 기업 생존 로드맵

인공지능으로 인한 거대한 전환AI Transformation, AX의 시대에, 기후변화 대응은 더 이상 선택적인 환경 캠페인이 아니라 국가와 기업의 명운을 가르는 치열한 에너지 안보이며, 또 미래 시장 선점의 핵심 요소이기도 하다. 이 책은 ESG 관련 찬반 논란에 흔들리지 않고 진정성 있는 소통의 도구로서의 역할을 강조하고 있다. 심화되는 불확실성의 안개 속에서 ESG 실행의 방향과 정도를 고민하는 분들에게 앞을 내다보는 날카로운 통찰을 제공할 것이다.

_김성우 (김앤장 환경에너지연구소장)

지난 20여 년 동안 ESG는 기업의 사회적 책임을 논하는 개념에서 출발하여 이제는 글로벌 자본시장과 국가 전략을 규정하는 핵심 프레임으로 자리 잡았다. 그러나 최근 세계 곳곳에서 ESG에 대한 회의와 반발도 동시에 나타나고 있다. 특히 미국에서는 ESG가 정치적 논쟁의 중심에 서며 '문화전쟁'의 상징이 되었고, 기업과 금융기관들 역시 그 거센 흐름 속에서 방향을 재정립하고 있다.

이러한 혼란의 시대에 나의 오랜 동료인 저자 김태한의 이 책은 ESG를 둘러싼 국제 정치, 경제, 기술 변화를 한꺼번에 조망하려는 야심 찬 시도다. 트럼프 2.0 시대의 안티 ESG 흐름, 이재명 정부의 정책 방향, 그리고 AI 혁명이 만들어내는 새로운 산업 질서를 함께 분석하면서 ESG의 현재와 미래를 입체적으로 보여준다.

특히 이 책이 주목할 부분은 ESG를 단순한 '착한 경영'이나 규제 대응의 문제로 보지 않는다는 점이다. 저자는 ESG를 기업 경쟁력과 국가 전략의 중요한 도구로 정의한다. 글로벌 공급망의 재편, 기후 정책의 변화, 금융시장과 투자 흐름의 이동 등 다양한 사례를 통해 ESG가 실제 경제와 산업 전략 속에서 어떻게 작동하는지를 설득력 있게 설명한다.

또 이 책은 ESG 논의에 AI라는 새로운 변수를 적극적으로 연결한다. AI 인프라 확대에 따른 에너지 문제, 노동 구조의 변화, 데이터 거버넌스와 책임 문제 등은 앞으로 ESG 담론에서 핵심적인 주제가 될 것이다. 이러한 문제를 ESG 관점에서 통합적으로 바라보려는 시도는 매우 시의적절하다.

지금 세계는 기후위기, 지정학적 경쟁, 기술혁명이라는 세 가지 거대한 전환 속에 있다. 이러한 시대에는 단순한 이념적 논쟁이 아니라 현실을 이해하고 전략을 세우는 통찰이 필요하다. 저자의 말처럼 ESG를 만들어낸 우리의 현실과 생각이 시대의 흐름에 따라 계속 바뀌기 때문이다. 이런 현실의 역동성을 보는 통찰이야말로 이 책이 기업 경영자, 투자자, 정책 담당자들 모두에게 현실적으로 유용한 시사점을 제공하는 이유다.

ESG를 둘러싼 논쟁은 앞으로도 계속될 것이다. 그러나 분명한 것은 ESG를 부정하는 현상 자체가 ESG의 파워를 두려워하기에 등장했다는 점, 그리고 이제 더 이상 지속 가능성과 경쟁력이 분리될 수 없는 시대가 도래했다는 사실이다. 이 책이 그러한 시대를 이해하는 데 의미 있는 길잡이가 되기를 기대한다.

_양춘승 (한국사회책임투자포럼 상임이사)

LG이노텍을 이끌며 뼈저리게 느낀 사실이 있다. 글로벌 무역의 최전선은 한 치의 방심도 허용하지 않는 냉혹한 전쟁터라는 점이다. 수출이 곧 기업의 생명줄이자 국가 경제의 혈관인 한국에게, 글로벌 공급망을 뒤흔드는 패권 경쟁의 역학 관계는 결코 외면할 수 없는 실존적 위협이다. 트럼프 2.0 시대의 도래와 함께 시장 일각에서는 섣부르게 'ESG의 종말'을 말하지만 이는 착각에 가깝다. 오히려 ESG는 미·중 패권 경쟁 속에서 상대의 숨통을 조이는 가장 정교하고 위협적인 전략적 도구로 진화하고 있다. 게다가 이제 과거의 성공 방정식이 통하지 않는 AI 기술 혁명의 시대가 시작됐다. 거대한 규제와 경쟁의 장벽을 넘어 새로운 수출 신화를 써 내려가야 할 한국의 기업과 리더들에게 이 책은 막연한 두려움을 압도적인 경쟁력으로 바꾸어줄 가장 현실적인 생존 전략서가 될 것이다.

_이웅범 (유비스컨설팅 대표 / 전 LG이노텍 대표이사)

ESG는 과연 막을 내릴 것인가

ESG가 가라앉고 있다

최근 몇 년간 뜨겁게 몰아치던 ESG에 대한 관심이 차갑게 식고 있다. 러시아·우크라이나 전쟁을 기점으로 점차 주춤하더니, 트럼프 Donald Trump의 재등장과 함께 이제는 'ESG 종말론'까지 나오고 있다.

기업들이 ESG에서 돌아섰다는 뉴스도 심심치 않게 들린다. 월마트, 아마존, 메타 등 앞장서 ESG를 외치던 글로벌 기업들이 DEIDiversity, Equity, Inclusion(다양성, 형평성, 포용성) 정책을 폐기했다. 시티은행, 모건스탠리, 골드만삭스 등 넷제로 이니셔티브 탈퇴를 선언하는 금융기관도 잇따르고 있다.

트럼프 2.0시대, ESG는 이대로 끝날 것인가?

그러나 이 책은 트럼프 시대에도, 그리고 그 이후에도 ESG가 계속될 것이라는 이야기를 담고 있다. 물론 눈앞의 현실을 애써 부정하고, ESG가 사회에 도움이 되니 계속되어야 한다는 당위론을 설파하는 책은 아니다.

우리는 트럼프가 한다면 하는 사람이라는 것을 이미 겪어보았다. 바로 그 트럼프가 안티 ESG를 공약으로 걸고 다시 돌아왔다. 취임과 동시에 기후변화협정 탈퇴에 서명하고, 전임 바이든Joe Biden 대통령의 화석연료 규제를 모두 철폐했다. 정부의 DEI 정책을 폐기하고 예산도 삭감했다. '인권'이라는 말이 존재하기나 하냐는 듯 수갑까지 채워 불법체류자를 추방하고, 국제사회 규범은 아랑곳하지 않고 베네수엘라에 쳐들어가 대통령을 체포하기까지 했다.

이런 상황에서 ESG가 이전과 같을 것이라고 주장한다면 터무니없는 말일 것이 분명하다. 정말 그렇게 생각한다면 이상주의자이거나 다른 꿍꿍이가 있는 사람일 것이다. 그렇지만 분명히 말해서, 이제 ESG가 완전히 가치를 상실할 것이라고 주장하는 것도 비현실적인 생각이다.

무엇을 하겠다는 정치인의 말도, 무엇을 하지 못하게 하겠다는 정치인의 말도 100퍼센트 행동으로 이어지는 경우는 거의 없다. 대통령의 한마디가 모든 것을 결정하는 시대는 이미 지났다. 기후 위기를 막겠다던 바이든 시절에도 미국의 원유 생산량은 늘었고, "기후변화는 사기"라고 외쳤던 트럼프의 첫 번째 집권 기간에도 미국의 재생에너지 발전량은 늘었다.

2025년 6월부터 우리나라에서는 조기 대선을 통해 ESG에 우호적인 이재명 정부가 들어섰다. 이재명 정부는 재생에너지를 늘리고 기후변화 대응 정책을 강화하겠다고 공약했다. 상법개정을 비롯하여 기업의 지배구조와 노동, 인권 및 산업 안전 등 ESG와 관련된 강화된 정책을 추진하고 있다. 국민연금을 비롯한 금융기관의 ESG도 가속화하겠다고 공약하고 있다. 그러나 이 또한 정권이 말한 그대로 반드시 실현된다는 보장은 없다.

혼란의 시대, 예측하는 자만이 살아남는다

기후변화와 에너지, 기업의 지배구조와 노동에 관한 논의가 정리되기도 전에, 인류에게는 또 다른 커다란 변화가 찾아왔다. 바로 AI 혁명이다.

AI는 일찍이 인류가 경험하지 못한 형태의 도전과제를 예고하고 있다. AI 인프라를 도입하고 유지하기 위해서는 온실가스를 줄이면서 동시에 전력 공급을 폭발적으로 늘려야 한다. AI를 활용해 생산성을 높이면서 동시에 보편적 일자리나 소득을 지켜내야 한다. 개인정보의 오남용과 인권 침해를 막으면서 동시에 AI 학습 데이터를 확보하고 활용해야 한다. AI로 인해 존재가치를 위협받으면서 동시에 누구보다 AI를 잘 활용하는 존재가 되어야 한다.

단순한 주장은 매력적이지만 위험하다. 우리는 현실에 살고 있다. 현실은 언제나 복잡하다. 그리고 현실은 항상 변한다. 어제의 ESG가 오늘의 ESG와 같을 수 없고, 내일의 ESG는 또 달라질 것이다. ESG를 만들어낸 우리의 현실과 생각이 시대의 흐름에 따라 계속 바뀌기 때문이다.

이 책은 ESG와 AI 시대의 최전선에서 움직여야 할 기업들의 생존에 도움이 되고자 쓰인 책이다. ESG를 반대하는 트럼프의 재집권, ESG를 촉진하고자 하는 이재명 정부의 탄생, 그리고 기존의 경제와 사회 질서를 송두리째 바꾸고 있는 AI 혁명의 시작. 이 모든 것을 고려하면서 미래가 어떻게 변할지를 제대로 예측할 수 있어야 한다. 그래야 생존할 수 있다.

1부
트럼프 2.0 시대:
안티 ESG와 글로벌 패권 경쟁

1장

트럼프의 역습:
'착한 경영'의 시대는 끝났다

트럼프의 데스노트:
ESG를 제물로 삼다

"ESG는 급진 좌파들이 우리의 퇴직금을 가져가기 위해 설계한 금융 사기입니다. 미국인의 소중한 자산을 '깨어 있는 척하는' 금융사기로부터 보호하기 위해 ESG 투자를 금지하겠습니다. 제가 당선되는 즉시 행정명령을 내려 ESG 투자를 금지하고, 의회와 협력하여 ESG 투자를 영구적으로 퇴출하는 법을 만들겠습니다."

_트럼프 대통령 선거 캠페인 발언 중

트럼프는 ESG를 싫어한다. 단순히 싫어하는 수준을 넘어 기후변화, 인권, 노동 등 ESG를 구성하는 거의 모든 요소에 적대적이다. 그의 ESG 혐오가 얼마나 깊은지는 과거 첫 번째 임기(2017~2021)의 행적만 돌아봐도 명확해진다.

안티 ESG의 글로벌 선두주자, 트럼프

우선 트럼프는 기후변화 자체를 부정했다. "지구온난화는 미국 제조업의 경쟁력을 떨어뜨리기 위해 중국이 만들어낸 사기극"이라고 주장하며 취임 직후 파리협정을 탈퇴했다. 오바마Barack Obama 행정부의 유산인 '청정 전력 계획Clean Power Plan'과 자동차 연비 규제를 폐지했고, 화석연료 산업에는 전폭적인 지원을 아끼지 않았다.

인권 정책 또한 후퇴를 거듭했다. 미국은 유엔 인권이사회UNHRC를 탈퇴하며 국제사회에서의 인권 리더십을 스스로 내려놓았다. 멕시코 국경에서는 불법 입국자의 부모와 자녀를 강제로 떼어놓는 '무관용 정책'을 시행해 전 세계의 공분을 샀고, 조지 플로이드George Floyd 사망 사건으로 촉발된 '블랙 라이브스 매터BLM' 시위에는 '법과 질서'를 앞세운 강경 진압으로 맞섰다. 트랜스젠더의 군 복무를 금지하는 등 성소수자의 권리를 축소하는 정책들도 잇따랐다.

노동 분야도 예외는 아니었다. 친기업 성향의 인물들로 연방노동관계위원회NLRB를 채워 노동조합의 설립과 활동을 어렵게 만들었고, 연방 최저임금 인상에는 반대 입장을 고수했다. 기업의 이익을 위해 작업장 안전 규정과 화학물질 취급 기준을 완화한 것도 그의 첫 임기 때 일어난 일이다.

다시 돌아온 트럼프는 더 빠르고 강력해졌다. 두 번째 임기를 시작하자마자 그는 바이든이 공들여 쌓아올린 친환경·친노동 행정명령을 모조리 백지화했다. 미국은 파리협정에서 다시 한번 탈퇴했고, '에너지 비상사태' 선포와 함께 화석연료 채굴 규제는 역사 속으로 사라졌다. 세계보건기구WHO 탈퇴 재추진, 연방정부 내 DEI 프로그램 전면 폐지, 학교 내 젠더 교육 금지 등 안티 ESG 행정명령들이 줄지어 쏟아졌다.

무엇보다 금융 시장에 미친 파장이 컸다. 트럼프는 노동부DOL가 직원퇴직보장법ERISA에 따라 근로자의 저축연금으로 ESG 투자를 허용하게 한 규칙을 폐기했다. 이로써 연기금이 ESG 요소를 고려해 투자하는 길을 원천 봉쇄했다. 그리고 미국 증권거래위원회SEC가 야심 차게 추진하던 '기후공시 의무화' 역시 트럼프의 등장과 함께 중단되었다. 트럼프의 ESG 지우기는 이처럼 전방위적이고, 전격적이며, 파괴적이다.

플라스틱 빨대를 다시 위대하게

"우리는 플라스틱 빨대로 돌아갈 겁니다."

2025년 2월 10일, 트럼프는 연방 기관 내 종이 빨대 사용을 금지하고 다시 일회용 플라스틱 빨대 사용을 허용하는 행정명령에 서명했다. 그는 취임 첫 달에만 60건이 넘는 행정명령을 쏟아냈다. 이 가운데 대중의 심리를 파고드는 능력과 ESG를 정치적 상징으로 활용하는 기술을 가장 적나라하게 보여준 사건은 단연 이 '종이 빨대 퇴출' 행정명령이었다.

트럼프에게 복잡한 해양 생태계나 미세 플라스틱의 위험성에 관한 수십 년간의 과학적 연구 결과는 중요하지 않았다. 그는 단 한 문장의 직관적 화법으로 과학적 경고를 무시해버렸다.

하지만 여기서 트럼프가 과학을 무시하는 태도보다 더 주목해야 할 것이 있다. 바로 소름 끼칠 만큼 예리한 '정치적 상징화' 능력이다. 사실 트럼프는 이미 2020년 대선 캠페인 당시부터 "진보적인 종이 빨대는 작동하지 않습니다."라는 문구가 적힌 플라스틱 빨대를 굿즈로 팔며 큰 호응을 얻은 바 있다. 그는 끊임없이 "바이든의 종이 빨대", "진보주의자들의 위선" 같은 용어를 사용하며 프레임을 짰다. 그의 논리에 따르면, 종이 빨대는 '환경을 생각한다는 도덕적 우월감을 느끼고 싶은 진보 엘리트들이 일반 대중에게 강요하는 불편함'의 상징이다.

생각해보자. 종이 빨대는 금방 눅눅해지고 음료 맛을 떨어뜨린다. 대중은 불편하다. 그런데 트럼프가 나타나 "불편한 게 맞다. 네 잘못

이 아니라, 너를 가르치려 드는 저들이 문제다."라고 말해주니, 그는 순식간에 진보의 위선에 맞서 시민의 자유(빨대를 고를 자유)를 지키는 투사가 된다. 그동안 환경을 위한다는 명분에 눌려 불만을 삭여왔던 수많은 대중은 자연스럽게 트럼프의 편에 선다. '종이 빨대'라는, 사소하다면 사소할 수 있는 생활 소품 하나를 '이념 전쟁의 무기'로 탈바꿈시킨 탁월한 정치 감각이다.

이 전략은 단지 빨대에만 머물지 않는다. 트럼프는 오바마와 바이든 행정부 시절 도입된 환경, 인권, 노동 관련 정책 대부분을 '정치적 올바름 Political Correctness, PC'이나 '워크 Woke 주의'라는 딱지를 붙여 매도했다. 불편하지만, 비용이 더 들지만, 그래도 환경을 위해, 인권을 위해, 미래세대를 위해 감수해야 한다고 여겨졌던 가치 모두를 트럼프는 "엘리트들이 도덕적 만족감을 얻기 위해 서민의 삶을 희생시키는 위선적 행위"로 치부해버렸다.

트럼프의 안티 ESG는 단순한 규제 완화가 아니다. 대중이 일상에서 느끼는 피로감과 불편함을 정확히 자극하여 정치적 지지 기반으로 삼는 고도의 심리 전술이다. 그리고 트럼프에게 ESG란 미국의 국익을 저해하는 경제적 족쇄이자, 보수 지지층을 결집하기 위한 가장 훌륭한 정치적 제물이다.

거침없는 행정명령의 칼춤

　트럼프가 쏟아내는 정책에 대한 호불호는 극명하다. "어떻게 저런 듣도 보도 못한 과격한 정책을 쓸 수 있나?"라며 경악하는 사람도 있고, "미국을 다시 위대하게 만들 결단"이라며 열광하는 사람도 있다. 하지만 정책의 내용과 상관없이, 한국 사람이라면 공통적으로 부러움 반, 놀라움 반으로 바라보는 지점이 하나 있다. 바로 '속도'다. 지지부진한 국회 논의 없이 대통령의 서명 한 번으로 세상이 바뀌는 모습을 보고, '왜 우리는 저렇게 시원시원하게 정책을 집행하지 못하지?' 라는 아쉬움을 담아 미국을 바라보는 이들이 꽤 많을 것이다. 도대체 트럼프의 그 힘은 어디서 나오는 걸까?

펜 하나로 만드는 법률, 행정명령

트럼프가 ESG를 파괴하고 관세 장벽을 쌓는 힘의 원천을 이해하려면 먼저 '행정명령'이라는 제도를 뜯어봐야 한다.

우리나라에도 흔히 시행령이라고 부르는 '대통령령大統領令'이라는 것이 있다. 하지만 행정명령과 대통령령을 비교하면 그 무게감은 하늘과 땅 차이다.

대통령령은 철저히 '법률의 하위 규범'이다. 국회가 만든 법률에서 "구체적인 건 대통령령으로 정하라."라고 위임해줘야만 만들 수 있고, 국무회의 심의와 법제처 심사라는 까다로운 절차를 반드시 거쳐야 한다. 반면 미국의 행정명령은 헌법이 보장하는 대통령의 고유한 행정권을 근거로 한다. 의회의 구체적인 위임이 없어도 대통령의 독자적인 판단으로 발령할 수 있으며, 무엇보다 공식적인 국무회의 심의나 의결 절차 없이 '대통령이 서명하는 순간' 즉시 법률과 동등한 효력이 발생한다. 말 그대로 펜 하나로 법을 만드는 셈이다. 이는 전 세계 민주주의 국가 중에서도 미국 대통령만이 가진 막강하고 독특한 권한이다.

링컨의 '노예해방선언'도 행정명령

미국 대통령 행정명령 제도의 시초는 미국 헌법이 제정된 1787년으로 거슬러 올라간다. 미국 헌법 제2조 1항과 3항에서는 "행정권은 미합중국 대통령에게 속한다.", "대통령은 법률이 성실히 집행되도록 보장해야 한다."라고 명시하고 있다. 연방제와 대통령제를 동시에 채택하고 있는 미국 체제에서, 대통령이 광활한 연방 전체에 정책을 빠르게 집행할 수 있도록 강력한 권한을 쥐여준 것이다.

역사적으로도 중요한 순간마다 행정명령이 등장했다. 노예 해방을 이끈 에이브러햄 링컨Abraham Lincoln의 '노예해방선언'(1863)도, 존 F. 케네디John F. Kennedy의 '연방정부 계약 내 인종차별 금지'(1961)도 모두 의회의 지루한 공방을 건너뛴 행정명령이었다. 두 사람의 행정명령은 이후 수정헌법 13조와 민권법Civil Rights Act으로 이어졌다.

물론 행정명령에도 약점은 있다. 법률은 한번 만들어지면 개정되기 전까지 영구적이지만, 행정명령은 기본적으로 '해당 대통령의 임기 동안만' 유효성이 보장된다. 만약 다음 대통령이 펜을 들어 '취소'라고 서명하면 그 즉시 휴지 조각이 된다. 트럼프 대통령이 다시 취임한 후 가장 먼저 한 것도 전임 바이든 대통령의 행정명령을 취소한 것이었다.

뉴스를 보다 보면 미국 대통령이 수십 년 전에 만들어져 사실상 사문화된 법을 이행하기 위해 행정명령을 내렸다는 다소 생뚱맞은 소식을 접할 때가 있다. 행정명령은 기존 법률에 기반해서 내릴 수도 있고, 그렇지 않을 수도 있다. 그렇지만 아무래도 기존 법률과의 연계성을 가지는 것이 정당성 확보에 유리하기 때문에, 무리해서라도 기존 법률과 연결시키는 경우가 많다. 일례로 트럼프는 멕시코와 캐나다에 관세를 부과하기 위해 우선 마약과 이민 문제를 들어 국가비상사태를 선포한 뒤, 1977년에 만들어진 국제비상경제권한법IEEPA을 근거로 행정명령을 내렸다. '법에 근거했으니 합법'이라는 명분과 '의회 승인 없이 즉시 집행'이라는 실리를 모두 챙기는 전략이다.

누가 트럼프를 멈출 수 있는가

이처럼 강력한 행정명령을 통제하는 장치는 없을까? 이론적으로는 입법부(의회)와 사법부(법원)의 견제가 가능하다. 하지만 2026년 현재의 미국 정치 지형을 보면, 트럼프를 멈춰 세울 브레이크는 사실상 고장 난 상태다.

● 의회: 트럼프의 친위대가 된 공화당

미국 의회는 행정명령의 근거가 되는 법을 없애거나, 관련 예산을 전액 삭감하여 트럼프의 손발을 묶을 수 있다. 보다 직접적으로는 상원과 하원이 공동으로 행정명령 무효화를 결의함으로써 효력을 상실하게 할 수 있다. 그렇지만 현재 미국 의회는 트럼프를 지지하는 공화당이 상원과 하원을 모두 장악한 상태다.

미국 의회는 상원과 하원으로 구성된다. 법안은 상원과 하원 모두 발의할 수 있는데, 양원의 동의를 모두 얻어야만 법안이 통과된다. 그렇지만 상·하원을 모두 통과한 법안도 대통령이 거부권을 행사할 수 있다. 거부권이 행사된 법안은 상원과 하원에서 각각 3분의 2 이상의 찬성을 얻어야 다시 통과된다.

이번에는 의석 구성을 보자. 상원 의석은 각 주당 2명씩 총 100석, 하원 의석은 인구수에 비례하며 총 435석이다. 상원의원의 임기는 6년, 하원의원의 임기는 2년이다. 상원은 2년마다 의석의 3분의 1이, 하원은 전체 의석이 재선출된다.

산술적으로 상원은 51석, 하원은 218석 이상을 차지한 당이 다수당이 된다. 부통령은 상원의장을 겸하는데, 의장이므로 발언권이나 투표권은 없다. 다만 상원 표결이 50:50으로 정확히 동수가 나왔을 때만 결정표를 던질 수 있다. 상원 의석이 50으로 수가 동일한 경우, 부통령이 있는 집권당이 사실상 다수당이 되는 셈이다.

현재 미국의 다수당은 공화당이다. 2026년 1월 기준으로 공화당은 상원 53석, 하원 223석을 차지하며 양원 모두를 장악했다. 더 큰 문제는 숫자보다 '구성원'이다. 과거 트럼프 1기 때는 공화당 내에서도 트럼프를 비판하는 의원들이 있었지만, 지금은 대부분 은퇴하거나 낙선했다. 현재 의회는 열성적인 '트럼프 키즈'들로 채워져 있어 견제는커녕 트럼프의 돌격대 역할을 자처하고 있다. 적어도 2026년 11월 중간 선거 전까지 의회가 트럼프를 막을 가능성은 0에 수렴한다.

● **법원: 보수로 기울어진 운동장**

마지막 보루는 법원이다. 미국은 지방법원-항소법원-대법원으로 이어지는 3심제를 택하고 있다. 판결은 주별로 1개 이상 설치되어 있는 연방지방법원, 13개 순회구로 구성된 연방항소법원, 마지막으로 연방대법원을 거쳐 최종 확정된다. 우리나라와의 차이점은 연방대법원이 심리할 사건을 직접 선택할 수 있다는 점이다. 연방대법원은 매년 항소 사건 중 약 1퍼센트 정도인 70~80건 정도의 사건만을 심리하는 것으로 알려져 있다.

법원은 위헌적인 행정명령에 대해 '효력 정지'를 내릴 수 있다. 행정명령처럼 미국 모든 주에 영향을 미치는 사건이라면 여러 지역에서 동시에 소송이 제기되는 경우가 있다. 이때 우선 각 지역의 지방법원에서 개별적으로 판결이 내려지고, 관할지역의 항소법원과 대법원으로 사건이 모여 최종 판결이 내려진다. 지방법원이나 항소법원별로 판결이 다른 경우도 발생하는데, 최종심의 결론이 나기 전까지는 해당 지역 내에서만 판결이 효력을 가진다.

때로 지방법원 판사가 자신의 관할지역뿐만 아니라 미국 전역에서 행정명령을 멈추게 하는 '전국적 효력 정지' 명령을 내리기도 한다. 트럼프 1기 때도 반이민 행정명령이 이런 식으로 법원에 의해 제동이 걸린 바 있다. 지방법원이 관할권을 넘어 전국에 효력 정지를 명할 수 있는 권한이 있는지는 미국에서도 논란이다. 참고로 반이민 행정명령에 대해 지방법원이 내린 효력 정지는 항소법원에서 다시 관할권 내로 축소했다.

하지만 중요한 행정명령에 관련해서는 전체적인 심리 기간이 1년 이내, 경우에 따라 6개월 내로 신속하게 진행됐던 점을 고려하면, 심리 기간 중 효력 정지의 범위보다는 대법원의 판결이 가장 결정적이라고 볼 수 있다. 일반적 사건은 2심에서 종결되는 경우가 많지만, 행정부 관련 사건은 연방대법원 심리가 이루어지는 경우가 대다수다. 따라서 지방법원이나 항소법원보다는 최종심이 이루어지는 연방대법원의 법관 구성이 중요하다.

연방법원 판사는 대통령이 지명하고, 상원의 동의를 받아 임명한다. 당연하게도 민주당 출신 대통령은 상대적으로 진보 성향의 판사를, 공화당은 보수 성향의 판사를 지명한다. 다만 모두 종신직이어서 판사가 사망하거나 스스로 사임해서 공백이 생긴 경우에만 새로운 판사를 지명할 수 있다. 언제, 몇 명을 임명할 수 있을지 알 수 없으므로 특정 대통령이 의도적으로 법원의 구성을 바꾸는 것은 현실적으로 불가능하다.

다만 현재 연방대법원의 지형은 트럼프에게 더할 나위 없이 유리하다. 대법관 9명 중 보수 성향이 6명에 진보 성향이 3명으로 보수가 압도적 우위를 점하고 있다. 보수 성향 대법관 6명 가운데 1명은 아버지 조지 부시George H. W. Bush 대통령 때, 2명은 아들 조지 부시George W.

Bush 대통령 때, 3명은 트럼프 대통령 1기 시절에 임명됐다. 진보 성향 대법관 중 2명은 오바마 대통령 때, 1명은 바이든 대통령 때 임명됐다.

물론 보수 대법관들이라고 해서 무조건 트럼프의 편을 드는 것은 아니다. 실제로 2026년 2월 20일, 연방대법원은 트럼프의 핵심 정책인 관세 부과에 대해 6대 3으로 위헌 판결을 내렸다. 미국 연방대법원이 행정부의 독단적인 권한 행사를 견제할 마지막 보루로서 그 소임을 해낸 것이다. '법리'를 최우선으로 따지는 사법부의 날카로운 브레이크가 제대로 작동한 결과였다. 놀라운 점은 트럼프가 직접 임명한 보수 성향 대법관 중 2명조차 반대 의견을 내며 위헌 판결에 힘을 실었다는 사실이다.

하지만 트럼프의 질주는 여기서 멈추지 않았다. 판결 직후 트럼프는 1974년 무역법 Trade Act of 1974 제122조를 근거로 전 세계 수입품에 글로벌 기준 관세 15퍼센트를 부과하는 포고령에 즉각 서명하며 우회로를 뚫어냈다. 이는 의회의 승인이 없다면 최대 150일까지만 유지될 수 있는 한시적 조치이긴 하지만, 트럼프의 손에는 아직도 빼 들 수 있는 카드가 여러 장 쥐어져 있다.

또 트럼프가 추진하는 정책은 관세만 있는 것이 아니다. 비록 관세 정책에는 반대표를 던졌지만, 기본적으로 보수 대법관들은 규제 완화에 찬성하고 대통령의 권한을 존중하는 성향이 강하다. 따라서 트럼프가 법적 명분만 교묘하게 잘 마련한다면 다른 영역에서는 사법부마저 그의 질주를 용인할 가능성이 크다.

2026년의 트럼프는 의회의 전폭적인 지원과 사법부의 우호적인 환경 속에서, 그 어느 때보다 날카롭고 거침없는 행정명령의 칼을 휘두르고 있다. 트럼프의 꼼수와 폭주가 향후 글로벌 경제와 ESG 지형을 어떻게 뒤흔들지, 그 추이를 끝까지 지켜봐야 할 상황이다.

화석연료 증산에 앞장서는 트럼프 내각의 충성 경쟁

미국 대통령은 행정부 수반으로서 막강한 권한을 행사한다. 의회의 입법 과정을 거치지 않고도 연방 법률에 준하는 효력을 발휘하는 '행정명령'은 그 권력의 상징과도 같다. 하지만 아무리 강력한 대통령이라도 혼자서 거대한 정부를 운영할 수는 없다. 국정 철학을 공유하고 권한을 위임받아 손발처럼 움직일 내각이 꼭 필요하다. 따라서 대통령이 누구를 장관으로 발탁하느냐를 보면 향후 국정 운영의 방향과 의지를 가장 정확하게 가늠할 수 있다.

이런 관점에서 보면 트럼프는 자신의 첫 번째 임기(2017~2021)를 실패로 규정했을 가능성이 크다. 당시에는 제임스 매티스 James Mattis

국방장관, 렉스 틸러슨Rex Tillerson 국무장관 등 이른바 '방 안의 어른들'이 내각에 포진해 있었다. 이들은 트럼프의 즉흥적이고 무리한 결정을 제어하고 균형을 맞추는 역할을 했다. 세계적으로 보면 다행스러운 일이었으나, 트럼프 본인에게는 자신의 명령이 제대로 이행되지 않는 답답한 시간이었을 것이다.

백악관으로 다시 돌아온 트럼프는 절치부심했다. 2기 내각은 1기 때와는 완전히 다른 기준으로 구성됐다. 화려한 경력이나 명성보다는, 자기 말에 토 달지 않고 실행할 '충성심'이 최우선 기준이었다. 그는 이미 검증된 충성파들을 중심으로 선거 후 불과 18일 만에 주요 내각 구성을 속전속결로 마무리했다.

에너지·환경: 화석연료 업계의 행동대장들

트럼프는 기후변화 대응을 담당해야 할 에너지와 환경 부처를, 역설적이게도 화석연료 업계의 이익을 대변하는 인물들로 채웠다.

●크리스 라이트 에너지부 장관

크리스 라이트Chris Wright는 미국 2위의 셰일오일 수압파쇄(프래킹) 전문 기업 리버티 에너지Liberty Energy의 CEO 출신이다. 그는 "기후 위기는 허구"이며 "청정에너지는 존재하지 않는다."라고 공개적으로 주장해왔다. 취임 후 그는 "천연가스 산업이야말로 미국 경제의 심장"

이라며, 바이든 정부가 제한했던 화석연료 생산과 수출을 전면 확대하는 정책을 진두지휘하고 있다.

● 리 젤딘 환경보호청 청장

환경보호청장에는 환경 전문성은 부족하지만 트럼프에 대한 충성심만큼은 확실한 리 젤딘Lee Zeldin 전 하원의원이 기용됐다. 그는 2021년 1월 6일 의사당 난입 사태 당시, 바이든 대통령의 당선 인증을 끝까지 반대했던 대표적인 친트럼프 인사다. 그는 취임 일성으로 "미국의 에너지 지배력을 회복하고 자동차 산업을 되살려 미국의 일자리를 되찾겠다."라고 선언했다. 환경부 장관이 환경 보호 대신 '규제 철폐'와 '산업 육성'에 앞장서는 기이한 풍경을 연출하고 있는 셈이다.

● 더그 버검 내무부 장관 & 에너지 차르

연방정부 소유의 토지와 자원을 관리하는 내무부 장관에는 노스다코타 주지사 출신 더그 버검 Douglas Burgum이 임명됐다. 그는 주지사 시절부터 석유·가스 산업 규제 완화를 강력히 주장해온 인물이다. 트럼프는 그에게 '에너지 차르'라는 별도의 직함을 부여하고 국가에너지회의 의장을 맡겨, 부처 간 칸막이 없이 화석연료 증산을 총괄하도록 힘을 실어주었다.

경제·금융: 안티 ESG 전도사들의 집결지

경제와 금융 분야 인선에서도 '안티 ESG' 기조는 뚜렷하다. 월 스트리트의 이익을 대변하면서도 ESG 규제만큼은 단호히 거부하는 인물들이 전면에 나섰다.

●폴 앳킨스 증권거래위원회 위원장

기업의 기후공시 의무화를 책임지던 증권거래위원회의 수장으로, 역설적이게도 기후공시를 부정하는 폴 앳킨스Paul Atkins가 임명됐다. 그는 청문회에서 "금융시장에서 정치를 배제해야 한다."라며 SEC의 기후 공시 규칙을 강하게 비판했다. 그는 ESG 요소가 투자의사 결정에 필요한 '실질적' 정보가 아니라는 입장을 고수한다. 특히 소수의 주주가 환경·사회 이슈로 기업 이사회를 압박하는 'ESG 주주제안'을 "비용을 유발하는 소수의 횡포"로 규정하고 이를 제한하는 데 앞장서고 있다.

●스콧 베센트 재무부 장관

헤지펀드 '키스퀘어 그룹Key Squre Group' 창업자인 스콧 베센트Scott Bessent는 ESG 회의론자다. 그는 유럽연합의 '공급망 실사 지침CSDDD' 같은 과도한 ESG 정책이 미국의 에너지와 농업 경쟁력을 갉아먹는다고 비판해왔다. 베센트 취임 이후 미 재무부는 전 세계 중앙은행과

감독기구의 녹색금융 협의체인 'NGFS'와의 협력을 중단하거나 탈
퇴를 시사하는 등, 글로벌 기후 금융 공조에서 이탈하는 모습을 보이
고 있다.

●하워드 러트닉 상무부 장관

하워드 러트닉Howard Lutnick은 투자은행 캔터 피츠제럴드Cantor Fitgerald
의 CEO 출신으로 트럼프 인수위 공동위원장을 맡았다. 관세 협상 과
정을 보도하는 뉴스에서 자주 얼굴을 비쳐 우리 눈에 익숙한 인물이
기도 하다. 러트닉은 관세 정책의 설계자이자 ESG 투자의 반대자다.
그는 금융업계 내 ESG 투자 확산이 "지나치게 확장된 규제"라며 이
를 시장 자율에 맡겨야 한다고 주장해왔다. 상무부 장관으로서 그는
ESG를 명분으로 한 무역 장벽을 걷어내고, 미국 기업들이 환경 규제
없이 자유롭게 수출할 수 있는 환경을 만드는 데 집중하고 있다.

트럼프 2기 내각의 면면은 전 세계에 분명한 메시지를 던진다. 이
들은 단순한 기후부정론자들의 모임이 아니다. 글로벌 ESG 질서를
해체하고 미국의 화석연료 패권을 되찾기 위해 치밀하게 조직된 정
예 '타격대'다. 환경과 인권이라는 보편적 명분은 이제 철저한 자국
우선주의의 칼날 앞에 힘을 잃게 되었다.

미국 내 '문화전쟁'의 최전선에 선 ESG

　ESG는 본래 금융기관이 투자를 결정할 때, 재무제표에는 드러나지 않지만 장기적인 투자 수익에 영향을 미칠 수 있는 비재무적 위험 요소를 판단하기 위해 고안된 '금융 도구'였다. 그래서 일각에서는 "ESG를 논할 때는 철저히 자본과 금융의 관점에서만 접근해야 한다."라고 주장한다.

　하지만 세상 그 어떤 것도 진공 상태에서 홀로 존재하지 않는다. 모든 현상은 우리가 발 딛고 선 사회·경제·문화 시스템과 상호작용하며 변화하고 발전한다. 그리고 그 변화의 중심에는 늘 '정치'가 있다.

　환경보호나 인권처럼 우리 머릿속에만 존재하던 추상적인 가치를 현실의 제도와 시스템으로 구현해내는 통로가 바로 정치다. 우리의 생각은 정치라는 용광로 안에서 사회적 합의를 거쳐 법과 제도가 되고, 그렇게 정치가 만들어낸 현실은 다시 우리의 삶과 투자 환경을 바꾼다. 자본주의 체제는 이 끊임없는 순환 고리를 통해 작동한다.

정치는 어떻게 ESG를 움직이는가

최근 들어 "ESG가 정치적으로 오염됐다."라는 우려 섞인 목소리가 자주 들린다. 2023년, 세계 최대 자산운용사 블랙록의 CEO 래리 핑크Larry Fink는 "ESG라는 용어가 정치적으로 무기화되고 오용되고 있다."며 "앞으로 ESG라는 단어를 사용하지 않겠다."라고 선언하기까지 했다.

하지만 래리 핑크의 피로감 섞인 선언과 무관하게, 현실 세계에서 정치를 배제하고 설명할 수 있는 비즈니스는 거의 없다. ESG를 가장 좁은 의미의 '금융 투자 기법'으로 한정하더라도 정치의 영향력은 절대적이다.

가장 쉬운 예로 전기차를 보자. 전기차 산업의 초기 성장은 전적으로 정부의 '구매 보조금 정책'에 기댔다. 보조금이 넉넉할수록 전기차는 잘 팔리고 기업의 이익은 급등한다. 그런데 이 보조금 정책은 시장이 스스로 결정하는 것이 아니라, 어떤 정치 세력이 집권하느냐에 달려 있다. 친환경 정책을 지지하는 정당이 집권하면 보조금은 늘고, 화석연료를 옹호하는 정당이 집권하면 보조금은 축소되거나 사라진다.

수익률에 사활을 거는 투자자들은 필연적으로 정부 정책에 촉각을 곤두세울 수밖에 없다. 지난 미국 대선 시기, 테슬라 주주들이 겪었을 딜레마를 떠올려보자. 그들은 기후 위기를 부정하는 트럼프를 지지해야 할지, 전기차 보조금을 유지하려는 바이든을 지지해야 할지, 아니면 트럼프와 손잡은 일론 머스크의 정치적 도박에 베팅해야 할지 치열하게 계산했을 것이다.

결국 세상의 모든 굵직한 변화는 결과적으로 정치적이다. 정치가 올바른 방향을 잡으면 산업은 발전하고, 엇나가면 시장은 왜곡된다. 비록 그 출발이 리스크 관리를 위한 금융 기법이었을지라도, ESG 역시 정치와 영향을 주고받으며 공존할 수밖에 없는 운명이다.

ESG, 문화전쟁의 최전선이 되다

ESG가 정치와 떼려야 뗄 수 없는 운명이라면, 여기서 우리가 직시해야 할 뼈아픈 진실이 있다. 교과서 속 정치는 '타협과 합의'를 말하지만, 현실의 정치는 상대를 무너뜨리기 위한 '투쟁'이라는 점이다.

특히 한국이나 미국처럼 양당 체제가 고착화된 국가에서는 "우리 정책이 더 훌륭하다."라는 긍정적 경쟁보다 상대방을 조롱하고 깎아내리는 네거티브 전략이 난무한다. 승자독식 구조에서는 상대를 악마화하는 것이 가장 손쉽고 효과적인 전략이기 때문이다. 그리고 오늘날의 ESG는 이 무자비한 진흙탕 싸움의 한가운데에 놓여 있다.

이러한 정치적 대립이 가장 첨예하게 폭발하는 곳이 바로 미국이다. 한국도 진보와 보수가 '태양광'과 '원전'을 놓고 치열하게 다투지만, 미국은 그 층위와 스케일이 다르다.

미국 정치인들에게 ESG는 단순한 산업 정책이 아니다. 그들에게 ESG는 낙태, 소수자 인권, 이민, 총기 규제 등 사회적 가치를 두고 벌이는 이른바 '문화전쟁 Culture War'의 핵심 전장이다. 보수 진영이 내세우는 '안티 ESG'나 '안티 워크 자본주의 Woke Capitalism' 슬로건은, 진보 진영이 주도해온 '정치적 올바름' 흐름이 기업과 금융으로 번지는 것을 막겠다는 선전포고와 같다. 일각에서는 트럼프의 당선 요인을 정책이나 경제가 아닌, 바로 이 문화전쟁에서의 승리에서 찾기도 한다. 도대체 미국은 언제부터, 왜 ESG를 두고 이렇게 싸우게 된 걸까?

문화전쟁의 서막, 정치적 올바름

미국 내 문화전쟁의 뿌리는 1960년대로 거슬러 올라간다. 흑인 민권 운동, 베트남전 반대 시위, 페미니즘, 성 소수자 해방 운동 등 진보적 사회 운동이 폭발하던 시기다. 이 흐름은 1980년대 대학가를 중심으로 언어와 인식의 변화를 촉구하는 운동으로 구체화되었다. 인종·성별·종교·성적 지향에 따른 차별적 표현을 쓰지 말자는 것이었다. 예를 들어, 흑인을 비하하는 '니그로 Negro' 대신 '아프리카계 미국인

African-American'이나 '블랙Black'을 사용하고, 성별 고정관념이 담긴 '스튜어디스Stewardess'나 '체어맨Chairman' 대신 '플라이트 어텐던트Flight Attendant(승무원)', '체어퍼슨Chairperson(의장)' 같은 성 중립적 용어를 쓰자는 움직임이었다. 이것이 바로 '정치적 올바름' 운동의 시작이다.

초기에는 언어 순화 운동에 가까웠던 정치적 올바름 운동은 점차 교육 과정, 고용 정책, 미디어 표현 등 사회 전반으로 영역을 확장했다. 민주당은 이 흐름을 발 빠르게 받아들였다. '다양성'과 '포용성'을 진보의 핵심 가치로 내걸고 여성, 유색인종, 성 소수자 등 소외된 계층을 결집하는 정치적 동력으로 삼았다.

공화당의 전쟁 선포

보수 진영인 공화당이 이를 지켜만 볼 리 없었다. 포문은 아버지 부시 대통령이 열었다. 1991년, 그는 미시간 대학 졸업식 연설에서 정치적 올바름을 "표현의 자유를 위협하는 새로운 형태의 독재"라고 규정했다. "누군가는 PC를 그저 예절의 문제라고 하지만, 실상은 우리 사회에 검열과 획일성을 강요하는 위험한 시도"라며 경계심을 드러냈다.

그리고 이듬해인 1992년 공화당 전당대회에서 마침내 '문화전쟁'이라는 단어가 공식적으로 등장했다. 대선 경선 후보였던 팻 뷰캐넌 Patrick Buchanan은 연단에 올라 낙태, 동성애, 페미니즘을 옹호하는 좌파

세력이 미국의 전통적 가치를 파괴하고 있다고 맹비난했다. 그는 이 싸움을 공산주의와의 이념 대결이었던 '냉전'에 빗대어 '문화전쟁'이라 명명하며, 이것이 냉전 이후 보수가 싸워야 할 새로운 전쟁임을 선포했다. 이는 보수 지지층을 결집하는 강력한 기제가 되었다.

이후 2001년 9·11 테러를 거치며 애국심과 보수주의가 강화되었고, 2009년 오바마 정부의 등장에 반발해 일어난 극보수주의 정치 운동인 '티 파티 운동Tea Party Movement'을 거치며 문화전쟁은 더욱 격렬해졌다.

트럼프, 문화전쟁의 화신이 되다

이 전쟁을 가장 극적이고 노골적으로 활용한 인물이 바로 트럼프다. 그는 정치적 올바름에 대한 피로감과 백인 노동자 계층이 느끼던 소외감을 정확히 타격했다. 트럼프는 그들이 겪는 경제적 몰락의 원인을 이민자, 소수 인종, 그리고 서민을 '가르치려 드는' 진보 엘리트들에게 돌렸다.

트럼프는 사람들이 '차별주의자'로 낙인찍힐까 봐 차마 입 밖으로 꺼내지 못했던 거친 말들을 속 시원하게 쏟아냈다. 그가 진보의 금기를 깰 때마다 대중은 열광했고, 겉으로는 지지를 숨기면서도 투표장에서는 그를 찍는 '샤이 트럼프' 층이 견고하게 형성되었다.

2016년 트럼프의 대통령 당선은 단순한 정권 교체가 아니었다. 그것은 1990년대부터 이어져 온 문화전쟁에서 '안티 PC' 세력이 거둔 결정적 승리였다. 그리고 세월이 흘러 2024년 다시 백악관으로 화려하게 귀환한 트럼프를 통해, 이 치열한 문화전쟁의 최전선은 이제 정치권을 넘어 기업과 자본시장의 'ESG 경영' 한복판으로 무섭게 확장되고 있다.

기업으로 옮겨붙은
'정치적 올바름' 논쟁

영어 단어 '워크Woke'는 본래 '깨다Wake'의 과거형 동사다. 하지만 오늘날 이 단어는 전혀 다른, 정치적 무게를 지닌 형용사로도 쓰인다. 2017년 옥스퍼드 영어사전에 새롭게 등재된 'Woke'의 정의는 이러하다.

Woke: 정치적 또는 문화적 문제에 대해 잘 알고 있고, 특히 인종적 불의와 차별을 예민하게 인식하고 있는 상태.

워크 자본주의의 탄생

미국 기업들이 사회 문제에 눈을 뜨기 시작한 건 1980년대부터다.

1989년 엑슨 발데즈호 원유 유출 사고, 1990년대 나이키의 아동 노동 착취, 2000년대 초반 엔론과 월드컴의 회계 조작 스캔들 등 굵직한 사건들이 터질 때마다 미국 내에서는 기업의 사회적 책임에 대한 요구가 거세졌다.

결정적 계기는 2010년대 후반에 찾아왔다. 2017년 '미투 운동 Me Too Movement'과 2020년 조지 플로이드 사건으로 촉발된 '블랙 라이브스 매터 운동'을 거치며, 대중은 기업에 단순히 '돈만 버는 조직'이 아니라 '사회 정의를 실천하는 주체'가 되라고 요구했다.

기업들은 반응했다. 내부적으로 다양성·형평성·포용성 정책을 도입하고, 민감한 사회 이슈에도 적극적으로 목소리를 냈다. 나이키는 2018년 인종차별에 항의하며 무릎 꿇기 퍼포먼스를 한 미식축구 선수 콜린 캐퍼닉Colin Kaepernick을 광고 모델로 기용했고, 스포츠용품 체인 딕스 스포팅 굿즈Dick's Sporting Goods는 총기 난사 사건 이후 매장에서 자동소총 판매를 전면 중단했다.

이러한 흐름에 이름을 붙인 건 2018년 「뉴욕타임스」 칼럼니스트 로스 더댓Ross Douthat이었다. 그는 '워크 자본의 부상'이라는 칼럼을 통해 진보적 사회 운동을 지지하는 기업들의 행보를 '워크 자본주의'라고 명명했다.

"깨어 있는 척하지 마!" 안티 워크의 반격

사실 로스 더댓은 워크 자본주의라는 용어를 긍정적 의미로 사용하지 않았다. 그는 기업들이 진보 활동가들의 비판을 피하고 이윤을 지키기 위해 사회적 정의를 일종의 '미끼'로 쓰고 있다고 꼬집었다. 즉 진짜 깨어 있는 게 아니라 '깨어 있는 척'하는 위선이라는 것이다.

보수 진영인 공화당은 이 지점을 파고들었다. 그들은 '워크'가 진보 엘리트들이 도덕적 우월감을 내세워 일반 대중을 가르치고 통제하려 드는 오만함의 상징이라고 규정했다. 기업이 본연의 목적인 이윤 추구는 뒷전으로 하고 정치 놀음을 하고 있다는 비판이었다. 트럼프는 이 정서를 정확히 포착해 "Go Woke, Go Broke!"라는 구호를 유행시켰다. '깨어 있는 척하다가 파산한다.'라는 의미다. 워크 정책이 기업 경쟁력을 갉아먹고 자유시장 질서를 해친다는 그의 주장은 보수 지지층의 열광적인 호응을 얻었다.

이 싸움의 최전선에 선 인물은 론 디샌티스Ron DeSantis 플로리다 주지사였다. 2022년, 그는 플로리다주 공립학교 저학년 교실에서 성 정체성 교육을 금지하는 '학부모 교육 권리법Parental Rights in Education Act'을 제정했다. 유치원부터 초등학교 3학년까지의 교실에서 성적 지향이나 성 정체성에 대한 토론을 금지한 것으로, 비판자들은 '동성애 금지법'이라고 부르기도 한다. 여기에 월트 디즈니 사가 반대 성명을 내자 디샌티스는 즉각 보복에 나섰다. 50년 넘게 유지되던 디즈니의 특별자치구 지위를 박탈해버린 것이다. "기업은 정치는 그만두고 사업이나 제대로 하라."라는 경고였다.

ESG를 표방하는 금융기관과 기업에 대한 정치적 공격

미국 보수 진영은 ESG를 '워크 자본주의'의 구체적인 실행 도구로 간주했다. ESG가 단순한 경영 지표가 아니라, 좌파 이념을 강요하는 '트로이의 목마'라는 것이다. 공화당은 곧바로 입법과 소송으로 맹공을 퍼부었다. 2021년부터 2024년까지 텍사스·플로리다·오클라호마 등 공화당이 집권한 주들을 비롯해 미국 전역에서 80건 이상의 '안티 ESG 법안'이 발의됐다.

●투자 금지

2021년 텍사스주는 화석연료 산업을 보이콧하는 금융기관과 주 정부의 거래를 금지했다. 2022년에는 ESG 기준을 적용하는 자산운용사를 주 연기금 투자 대상에서 배제하는 초강수를 뒀다.

●소송전

2024년 텍사스 법무부는 블랙록, 뱅가드, 스테이트 스트리트 등 빅3 자산운용사들이 기후 협의체 활동을 통해 화석연료 투자를 줄인 것을 '에너지 시장 조작'이라며 반독점법 위반 소송을 제기했다.

● DEI 폐지 압박

2023년부터 공화당 주 법무장관들은 포춘 100대 기업에 "채용과 승진 시 인종을 고려하는 DEI 정책은 위법"이라는 경고장을 날렸다. 2024년 1월부터는 텍사스, 유타, 노스다코타 등 8개 주에서 공공기관 내 DEI 부서 운영을 금지하는 법안이 시행됐다.

'워크 자본주의'와 '안티 ESG' 논쟁은 단순한 비즈니스 이슈가 아니다. 이는 미국 사회를 관통하는 거대한 가치관 전쟁의 축소판이다. '정치적 올바름 → 워크 → ESG'로 이어지는 진보적 가치의 확장에 맞서, '문화전쟁 → 안티 워크 → 안티 ESG'로 반격하는 보수의 거대한 충돌. 이것이 지금의 미국을 설명하는 가장 확실한 프레임이다.

트럼프가 상·하원을 모두 장악하고 법무부를 동원해 기업을 압박하는 지금, 공화당의 전략은 확실히 먹혀들고 있는 듯하다. 글로벌 기업들은 트럼프의 재집권 전부터 황급히 다양성 정책을 지우기 시작했다. 이를 두고 트럼프는 이렇게 말했다.

"우리가 워크 자본주의를 무너뜨렸다. 이제 기업들은 정치 게임을 멈추고 진짜 사업에 집중하게 될 것이다."

트럼프 앞에 엎드린
빅테크 공룡들과 금융권의 굴욕

2016년 4월, 페이스북 개발자 콘퍼런스F8에서 마크 저커버그Mark
Zuckerberg 메타 CEO는 당시 공화당 대선 주자였던 트럼프의 '국경 장
벽' 공약을 정면으로 겨냥해 이렇게 말했다.

"벽을 세워 자신과 다르다고 낙인찍은 사람들을 배제하려는 두려움
에 찬 목소리가 들립니다. 하지만 우리는 벽을 세우는 대신 다리를
놓아야 합니다."

그로부터 5년 뒤인 2021년 1월 6일, 트럼프 지지자들의 의회 난입
사건이 발생하자 페이스북(현 메타)은 트럼프의 계정을 즉각 폐쇄해

버렸다. 트럼프는 자신의 입을 막아버린 페이스북, 트위터(현X), 구글을 향해 "미국에 대한 모욕이자 수치"라며 "반드시 정치적 대가를 치르게 할 것"이라고 이를 갈았다. 이때까지만 해도 저커버그는 트럼프의 반인권·반기후 행보를 가장 경멸조로 비판하는 인물이었고, 트럼프에게 저커버그는 반드시 응징해야 할 '적'이었다.

그런데 2025년 1월 20일, 절대 함께할 수 없을 것 같던 두 사람이 한자리에 모였다. 트럼프의 두 번째 취임식장이었다. 그 자리에는 저커버그뿐만 아니라 아마존 창업자 제프 베이조스 Jeffrey Bezos, 구글 CEO 선다 피차이 Sundar Pichai, 애플 CEO 팀 쿡 Tim Cook 등 그동안 트럼프와 대립각을 세웠던 실리콘밸리의 거물들이 총출동했다.

이날 취임식 후원금은 역대 최고액인 2억 3900만 달러(약 3513억 원)를 기록했다. 이는 트럼프의 2017년 첫 취임식(1억 900만 달러) 때보다 두 배 이상 많고, 바이든 전 대통령(6200만 달러)보다는 네 배 가까이 많은 금액이다. 과거 트럼프를 비판했던 저커버그는 100만 달러를 쾌척하고 취임식장 맨 앞줄 '특별석'을 배정받았다. 구글, 아마존, 마이크로소프트, 오픈AI, 우버 등도 메타와 비슷한 금액을 후원했다. 이를 두고 민주당 엘리자베스 워런 Elizabeth Warren 상원의원은 뼈 있는 한마디를 남겼다. "빅테크 억만장자들이 장관 내정자들보다 더 앞줄에 앉았다. 이것이 지금 미국의 상황을 말해준다."

트럼프의 귀환과 '먼저 눕는 풀'이 된 기업들

트럼프가 재집권하자 미국 기업들은 '바람이 불기도 전에 먼저 눕고' 있다. 기업들의 ESG, 특히 DEI 정책은 급속도로 와해되고 있다. 메타는 트럼프 취임 일주일 전인 2025년 1월 13일, 사내 DEI 부서를 전격 해체했다. 공급업체 대상 다양성 프로그램을 종료하고, 인종과 성별을 고려하던 인사 시스템도 폐기했다. 이는 2023년 미 연방대법원의 소수인종 우대 정책 위헌 판결 이후 쏟아진 보수 진영의 '역차별 소송' 리스크를 원천 차단하겠다는 의도로 볼 수 있다. 맥도날드, 골드만삭스, 구글 등 내로라하는 글로벌 기업들도 트럼프의 눈치를 보며 '다양성 지우기'에 동참했다. 아마존 역시 DEI 부서를 대폭 축소하며 "성과가 입증된 프로그램에만 집중하겠다."라는 명분을 내세웠다. 하지만 그 말을 곧이곧대로 믿는 사람은 없을 것이다.

금융권의 '기후 후퇴'는 더 빨랐다. 2025년 1월 7일 JP모건체이스를 끝으로, 골드만삭스, 시티그룹, 뱅크오브아메리카 등 미국 6대 은행이 모두 유엔 주도 기후 대응 협의체인 '넷제로 은행 연합NZBA'에서 탈퇴했다. 이로써 해당 연합의 미국 은행권 자산 커버리지는 기존의 40퍼센트대에서 사실상 0퍼센트대로 추락했다. 이어 1월 9일에는 세계 최대 자산운용사 블랙록마저 '넷제로 자산운용사 이니셔티브NZAMI' 탈퇴를 선언했다. 블랙록은 "특정 이니셔티브 참여가 불필요한 오해를 낳고, 법적 조사의 빌미가 되고 있다."라며 탈퇴 이유를 밝혔다. 여기서 말하는 법적 조사란 공화당이 장악한 텍사스 등 보수 성향의 주 정부들이 기후 연합에 가입한 금융사들을 향해 "화석연료 투자를 막아 시장을 교란하는 기후 카르텔"이라며 릴레이로 제기한 반독점 소송을 의미한다.

기업의 생존을 위협하게 된 ESG 활동

이들이 과거의 굳건해 보이던 신념을 헌신짝처럼 버린 이유는 트럼프 행정부와 공화당이 단순한 수사를 넘어 실제적인 사법의 칼날로 기업들의 목줄을 겨누고 있기 때문이다.

트럼프는 취임 직후인 2025년 1월 21일, '불법 차별 종식 및 능력주의 기회 복원'이라는 명칭의 행정명령에 서명하며 민간 기업을 정조준했다. 연방 기관들에게 사기업의 DEI 이니셔티브를 조사하고 위법 사항 적발 시 기소하라는 구체적인 지침을 내린 것이다. 이로 인해 다양성을 기업 가치로 내세우던 곳들이 하루아침에 '백인 남성 역차별'의 주범으로 몰려 막대한 징벌적 손해배상을 감수해야 하는 피고인 석에 서게 되었다.

자본 시장을 향한 전방위적 압박은 더욱 매섭다. 트럼프 당선 확정 직후인 2024년 12월, 하원 법사위원회는 NZAMI 등에 가입한 자산운용사 60곳에 소환장을 보내며 "기후 카르텔의 반독점법 위반 및 담합 행위를 끝까지 파헤치겠다."라고 으름장을 놓았다.

주 정부 차원의 공세도 치명적이다. 앞서 언급한 것처럼 텍사스주 법무부는 블랙록, 뱅가드, 스테이트 스트리트 등 소위 '빅3' 자산운용사가 기후 협의체 가입을 빌미로 석탄 등 화석연료 생산을 인위적으로 통제해 '에너지 시장을 조작'했다며 소송을 제기했다. 그 결과 거센 압박을 견디지 못한 뱅가드가 2026년 2월 말에 2950만 달러(약 430억 원)의 합의금을 물고 기후 연합체 이탈을 약속하며 가장 먼저 백기를 들기도 했다.

트럼프와 공화당이 미국 기업들에게 가하는 압박은 이제 단순한 엄포를 넘어 막대한 벌금과 기업의 존립 자체를 위협하는 실제적인 '법적 리스크'로 다가오고 있다. 기업의 입장에서는 ESG라는 명분을 버리는 것이 주주들의 자본을 방어하기 위한 가장 합리적인 생존 전략이 된 셈이다.

트럼프가 ESG를 버릴 수 없는 이유: 중국을 굴복시킬 무기

ESG를 보는 우리의 착각, 세상을 보는 트럼프의 셈법

어디를 가도 'ESG'를 이야기하던 시절이 있었다. 그런데 이제는 곳곳에서 'ESG의 종말'을 말한다. 'ESG는 선택이 아닌 필수'라고 목소리를 높이던 이들 중 다수가 어느새 '신중론'으로 돌아섰다. 어제까지 반드시 해야만 했던 과제가, 오늘은 '하면 좋고 안 하면 어쩔 수 없는' 선택 사항으로 전락하는 모양새다.

'ESG는 필수'라는 말이 처음부터 거짓이었을까? 아니면 트럼프의 귀환과 함께 세상의 규칙이 송두리째 바뀐 것일까? 의문이 꼬리에 꼬리를 문다.

ESG는 과연 '착한 경영'인가?

ESG는 환경Environmental, 사회Social, 지배구조Governance의 앞 글자를 딴 단어다. 흔히 기업의 사회적 책임CSR, 지속가능경영Sustainability, 공유가치 창출CSV 같은 개념들과 혼용되기도 한다. 학술적 정의나 발전사에 대한 논쟁은 차치하고, 보통 'ESG' 하면 떠오르는 것은 '착한 기업'이다. 기업이 돈만 버는 괴물이 아니라, 환경을 생각하고 사회에 기여하는 선한 존재가 되려는 노력. 이것이 ESG가 가진 보편적 이미지다.

하지만 냉정하게 물어보자. ESG는 정말 착한 경영일까? 그리고 만약 ESG가 정말 '착하고 올바른' 가치라면, 오직 이익과 승리만을 탐하는 트럼프의 시대를 과연 견뎌낼 수 있을까?

목적으로서의 ESG와 수단으로서의 ESG

이 질문에 답하려면 ESG를 바라보는 두 가지 시선을 구분해야 한다. 하나는 ESG 자체를 지향해야 할 가치로 두는 '목적으로서의 ESG'고, 다른 하나는 돈을 벌기 위한 방법론으로 활용하는 '수단으로서의 ESG'다.

철학자 칸트는 '인간을 수단으로 대하지 말고 목적으로 대하라.'라고 했다. 학교에서 도덕이나 윤리를 가르칠 때 자주 등장한 문구다. 정언명령이니 가언명령이니 하는 어렵고 복잡한 의미는 기억나지 않아도, '목적으로 삼는 것은 좋은 것'이고 '수단으로 삼는 것은 나쁜 것'이라는 개념 정도는 뚜렷이 남아 있을 것이다.

지구를 지키고, 사회적 가치를 실현하며, 사람을 돈벌이 수단이 아닌 목적으로 대하는 기업. 얼마나 아름다운가. 그런데 그런 기업이 현실에 존재할까?

있다. 바로 파타고니아다. 파타고니아는 '우리는 우리의 터전, 지구를 되살리기 위해 사업을 합니다.'를 사명으로 삼고 실제 사업 활동에서도 이를 실천하고 있다.

하지만 ESG 경영을 표방하는 기업 가운데 파타고니아처럼 ESG 가치의 실제 실현을 목적으로 삼는 기업은 극소수에 불과하다. 포장과는 별개로, 기업들은 대부분 ESG를 '목적'이 아닌 '수단'으로 활용한다. 칸트의 가르침을 기억하는 사람들은 이러한 기업들의 행동이 부도덕하다고도 생각할 수 있다. 그렇지만 기업들도 할 말이 있다. 기업이 ESG를 '목적'으로 삼기란 거의 불가능에 가깝기 때문이다.

회사법은 주식회사의 이사에게 '회사의 이익'을 위해 충실히 직무를 수행할 것을 규정하고 있다. 이때 '회사의 이익'은 관례적으로 또는 판례에 의해 '주주의 이익'과 동일하게 해석한다.[•]

기업의 주주들 대다수는 금전적 이익을 가장 우선한다. 사회나 환

● 한국 법원에서는 '회사의 이익'을 '주주'가 아닌 '대주주'로 해석했기 때문에, 상법 자체를 개정했다.

경적 가치를 아주 원치 않는 것은 아니지만, 금전적 이익과 사회적 가치가 충돌할 때 투자자는 대부분 금전적 이익을 선택한다. 그래서 기업의 궁극적 목적은 늘 '이윤 추구', 즉 돈을 버는 것일 수밖에 없다. 주주들의 가치 우선순위가 바뀌지 않는 한 기업의 목적은 미래에도 바뀌지 않을 것이다.

그렇다면 파타고니아는 어떻게 ESG를 목적으로 삼을 수 있었을까? 이유는 간단하다. 주주 모두가 '환경가치 추구'라는 기업의 목적에 동의했기 때문이다. 사실 파타고니아는 얼마 전까지 지분 100퍼센트를 창업주인 이본 쉬나드Yvon Chouinard와 그의 가족이 소유한 가족기업이었는데, 2022년에 이들은 약 4조 원에 달하는 지분 전체를 기후변화 대응을 위한 비영리 재단에 기부했다. 파타고니아 홈페이지에 들어가면 '지구가 우리의 유일한 주주입니다.'라는 문구가 있다. '상징적 구호겠지'라고 착각하기 쉬운 이 메시지가 파타고니아에게는 담백한 사실 전달이다. 이해관계자 자본주의를 논하는 이 시대에, 사실 그 어떤 기업보다도 주주 이익 극대화에 진심인 기업이 바로 파타고니아다.

하지만 냉정히 말해, 파타고니아는 '돌연변이'에 가깝다. 기업들 대부분은 파타고니아처럼 지구를 유일한 주주로 모실 수 없다. 아무리 ESG에 진심인 경영진이 들어서더라도, ESG 활동이 이윤 추구라는 목적과 배치된다면 ESG를 우선하기 어렵다. 경영진이 판단하기에

ESG가 더 이상 돈을 버는 전략으로써 유용하지 않거나 기업이 손실을 볼 위험이 있다면 언제든지 버릴 수 있다. '그렇게 할 수 있다'가 아니라 '그렇게 해야만 한다'가 더 정확한 표현일 것이다. 주주의 대리인인 기업 경영진이 의도적으로 이윤 추구에 부적합하거나 손실을 충분히 예상하면서도 자신의 전략을 고수한다면 '직무 유기'나 '배임'이 되기 때문이다.

결국 기업들 대다수에게 ESG는 '돈을 더 잘 벌기 위한, 혹은 돈을 잃지 않기 위한 수단'일 때만 유효하다. 아이러니하게도 최근 몇 년간 ESG 시장이 폭발적으로 성장한 진짜 이유도 여기에 있다. 투자자와 경영자들이 ESG를 '수익률을 높이는 유용한 도구'라고 판단했기 때문이다.

세상의 모든 것을 수단으로 삼는 트럼프

'ESG는 대부분의 기업에게 목적이 아닌 수단이다.'라는 점을 인정하고 나면, 필연적으로 이런 질문이 뒤따른다. "트럼프 2.0 시대에도 ESG는 기업이 돈을 버는 수단으로 여전히 유효할까?"

일각에서는 'ESG는 장기적 흐름이고, 트럼프의 임기는 4년이니 남은 기간만 버티면 그만'이라고 생각할지 모르겠다. 그러나 기업이 수년간 손실을 감내하며 버티기란 쉽지 않을뿐더러, 트럼프가 만들어 낸 변화가 그의 임기와 함께 끝나리라는 보장도 없다. 트럼프는 농담

반 진담 반으로 3선 가능성을 언급하기도 했고, 그가 아니라도 차기 미국 대통령이 또다시 공화당에서 나온다면 '트럼프주의'는 계속될 것이다. 민주당이 정권을 탈환하더라도, 한번 높아진 관세 장벽과 자국 우선주의 기조를 아주 되돌리기는 어렵다. 1980년대에 로널드 레이건Ronald Reagan이 구축한 신자유주의가 수십 년간 세계 경제를 지배했듯, 트럼프가 심어놓은 미국 우선주의의 뿌리가 얼마나 깊고 오래 갈지는 아무도 모른다.

따라서 앞서 언급한 질문을 조금 더 명확히 해보자면, "현재 트럼프 자신이, 그리고 미래에 트럼프가 남긴 유산이 계속 영향을 주는 상황에서도 ESG는 여전히 기업이 돈을 버는 수단으로 유효할까?"가 되겠다.

혹자는 트럼프가 안티 ESG를 강경하게 추진하니 ESG는 끝났다고 단정한다. 이런 이들이 한 가지 유념해야 할 사실이 있다. 트럼프는 2001년부터 2009년까지 민주당원이었다. 당시 트럼프는 낙태 권리에 찬성하고, 유색인종과 성 소수자의 권리 강화를 옹호했다. 심지어 지금은 그토록 비난하는 의료보험 확대에도 찬성했다.

트럼프는 누구보다 철저한 '수단의 신봉자'다. 보통의 정치인은 수단이 목적에 부합해야 한다고 믿는다. 올바른 목적을 위해서는 올바른 방법을 써야 한다는 믿음에서 자유롭지 않다. 그러나 트럼프는 목적을 달성할 수 있다면 신념과 정당도 바꾸고, 심지어 반인륜적 언사까지도 서슴없이 도구로 가져다 쓴다. '가치와 명분'을 중시하는 기존 정치 문법과는 확연하게 다르다.

그렇다면 트럼프가 지향하는 궁극적 목적이란 무엇일까? 바로 '승리'와 '이익'이다. 바이든에게 기후변화 대응은 그 자체로 지향해야 할 가치이자 목적이었지만, 트럼프의 안티 기후 정책은 보수층의 표를 얻기 위한 수단일 뿐이었다. 과거에는 민주당 정책이 자신의 비즈니스에 유리했기에 민주당원이었고, 지금은 보수층을 결집해 권력을 잡는 데 안티 PC와 안티 ESG가 유용하기에 공화당의 기수가 되었을 뿐이다.

트럼프는 현재 '미국을 다시 위대하게Make America Great Again, MAGA'라는 깃발을 세우고 미국의 패권, 더 정확히는 자신의 패권을 공고히 하는 데 몰두하고 있다. 그런데 여기에 ESG가 쓸모 있는 도구가 된다면 어떨까? ESG가 미국의 제조업을 부활시키며, 달러 패권을 지키는 강력한 무기가 될 수 있다면? 아마도 트럼프는 언제 반대했냐는 듯 보란 듯이 ESG라는 칼자루를 쥐고 휘두를 것이다.

미국 역사상 가장 위협적인 도전자,
중국

"광활한 태평양은 미국과 중국이라는 두 대국을 수용할 수 있을 만큼 충분히 넓습니다."

2012년, 시진핑은 중국 공산당 부주석자격으로 미국을 방문해 '신형대국관계新型大國關係'를 처음으로 거론했다. 미국과 중국이 서로의 핵심 이익을 존중하며 '윈-윈' 하자는 제안이었다. 당시 미국은 이를 단순한 외교적 수사나 협력 제안 정도로 가볍게 받아들였다.

2015년 9월, 국가주석이 되어 다시 백악관을 찾은 시진핑은 오바마 대통령과의 정상회담에서 기후 위기 공동 대응과 사이버 해킹 중단에 합의하며 협력 제스처를 이어가는 듯했다. 하지만 행동은 달랐다. 회담 직후에도 중국의 사이버 해킹은 멈추지 않았고, 남중국해 인공섬 건설은 더욱 노골화되었다. 이듬해 항저우 G20 정상회의에서는 오바마 대통령에게 레드카펫을 깔아주지 않는 의도적인 결례를 범하기까지 했다.

돌이켜보면 2012년의 '신형대국관계'는 단순한 협력 제안이 아니었다. 그것은 'G2 시대'의 선포였다. 태평양이 충분히 넓다는 말은 1949년 맥아더Douglas MacArthur가 말한 "태평양은 앵글로-색슨족의 호수가 되었다."를 모방해 미국에 내민 도전장이었던 것이다. 하지만 미국이 이 말의 진짜 함의를 깨닫는 데는 너무 오랜 시간이 걸렸다.

스푸트니크와 딥시크 쇼크

1957년 10월 4일. 소련이 인류 최초의 인공위성 발사에 성공했다. 그날부터 '어린 동반자'라는 뜻의 이름을 가진 소형 위성 '스푸트니크'가 96분마다 미국 상공을 유유히 돌기 시작했다. 미국은 공황 상태에 빠졌다. 세계 최강이라 자부하던 과학기술이 소련에 뒤처졌다는 충격, 그리고 소련이 언제든 대륙간탄도미사일에 핵을 실어 미국 본토를 타격할 수 있다는 공포가 엄습했다. 이른바 '스푸트니크 쇼크'다.

하지만 이 충격은 미국을 깨웠다. 미국 정부는 이듬해 항공우주국NASA을 설립했고, '국방교육법NDEA'을 제정해 과학·기술·공학·수학 교육에 대규모 투자를 단행했다. 1961년 소련의 유리 가가린Yuri

Gagarin에게 최초의 우주 비행사 타이틀마저 내주었지만, 미국은 포기하지 않고 1969년 아폴로 11호를 달에 착륙시키며 보란 듯이 전세를 뒤집었다. 결국 우주 경쟁과 냉전의 최종 승자는 미국이었다.

스푸트니크 쇼크는 미국에 큰 충격을 준 사건이지만, 동시에 미국이 오늘날 국방과 과학기술 분야에서 가장 강력한 국가로 발돋움하는 계기가 되었다. 이 시절에 미국 국방부가 군사용 통신망으로 개발한 '아파넷'은 오늘날 인터넷의 시초가 됐다. 스푸트니크 쇼크는 미국에 뼈아픈 굴욕을 줬지만, 동시에 미국을 초격차 과학기술 강국으로 도약시킨 최고의 자극제였다.

그런데 2025년 1월 27일, 우리가 설 연휴를 즐기고 있을 때 미국을 다시 한번 커다란 충격에 빠뜨린 사건이 일어났다. 설립된 지 2년도 채 안 된, 200여 명 규모의 중국 AI 스타트업 딥시크가 저비용·고효율 AI 모델 'R1'을 공개한 것이다.

미국을 공포에 몰아넣은 건 성능이 아니라 '효율성'이었다. 미국 빅테크 기업들은 "AI 성능은 쏟아붓는 GPU 개수와 돈에 비례한다."라고 믿으며 엔비디아 칩 확보 전쟁을 벌이고 있었다. 그런데 딥시크는 미국의 10분의 1 수준 비용과 훨씬 적은 컴퓨팅 자원으로 오픈AI의 최신 모델과 대등한 성능을 뽑아냈다.

미국은 그동안 중국의 AI 굴기를 막기 위해 고성능 반도체 수출을 철저히 통제해왔다. "칩만 안 주면 중국은 절대 우리를 못 따라온다."

라고 확신했기 때문이다. 하지만 딥시크는 이를 비웃듯 미국의 통제를 뚫고 독자적인 경쟁력을 증명해보였다. 물론 딥시크에서 밝힌 비용이 과소산정되었다는 의혹도 있고, 중국이 미국 몰래 고성능 반도체를 확보한 것 아니냐는 논란도 있다. 하지만 분명한 사실은, 미래 패권의 핵심이 될 AI 산업에서 중국이 미국의 통제를 뚫고 경쟁력을 확보해나가고 있다는 점이다. 실리콘밸리의 거물 벤처투자자 마크 앤드리슨Marc Andreessen이 이를 두고 "인공지능 분야의 스푸트니크 모멘트"라고 탄식한 것은 결코 과장이 아니었다.

놓쳐버린 견제 타이밍

과거 미국은 자신의 패권에 도전하는 강국들을 절묘한 타이밍에 제압해왔다. 1980년대 소련 GDP가 미국의 60퍼센트에 달했을 때는 군비 경쟁으로 소련 경제를 무너뜨렸고, 1985년 일본 GDP가 52퍼센트까지 추격했을 때는 '플라자 합의'로 엔화 가치를 강제로 높여 일본의 날개를 꺾었다.

하지만 중국은 달랐다. 2001년, 빌 클린턴Bill Clinton 행정부는 중국의 거대 시장을 노리고 세계무역기구WTO 가입을 도왔다. 1990년대에 중국의 GDP는 미국의 6퍼센트에 불과했고, WTO 가입 당시만 하더라도 미국의 12퍼센트 수준에 불과했다. 미국은 중국이 자유무역 체제에 들어오면 자연스레 민주화되고 미국의 하위 파트너로 남을 것이라 판단했다. 결과는 정반대였다. 중국은 폭발적으로 성장했고, 2021년에는 GDP가 미국의 75퍼센트 수준까지 치고 올라왔다. 불과 20년 만에 역사상 가장 강력한 경쟁자로 변모한 것이다.

뒤늦게 위험을 감지한 미국은 오바마 2기 때부터 견제를 시작했다. '아시아 재균형' 정책과 '환태평양경제동반자협정'으로 중국을 포위하려 했다. 트럼프 1기 때는 2500억 달러 규모의 중국산 제품에 관세를 부과하며 무역전쟁을 시작했다. ZTE, 화웨이 등 중국 기술기업에 대한 제재도 본격화했다. 바이든 정부 때는 동맹국과의 연대를 통한 다자적 견제로 전환했다. QUAD, AUKUS 등 안보 연대를 강화하고 반도체 수출 통제를 통해 기술 봉쇄를 본격화했다. 하지만 3명의 대통령이 10년 넘게 쏟아부은 견제책은 모두 실패로 돌아갔다. 무역전쟁은 중국이 대미 수출 의존도를 낮추고 자생력을 기르는 계기가 됐고, 기술 봉쇄는 중국의 자립 의지만 키워줬다. 2025년 딥시크의 AI 모델 공개는 미국의 반도체 통제가 중국의 기술 발전을 막지 못했음을 보여주는 결정적 순간이었다.

첨단 산업 주도권은 곧 미래 패권이다. 돈을 숭배하는 트럼프조차 당장의 반도체 수출 이익을 포기하면서까지 중국을 막으려 했다. 하지만 기존의 방식만으로는 중국을 막을 수 없다는 것이 증명되었다. 이제 트럼프는 '무슨 수단을 동원해서라도 중국의 성장을 막아야 한다.'라고 생각할 것이다.

관세 폭탄의 한계,
진짜 무기는 따로 있다

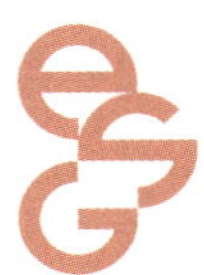

"외국을 세금으로 먹여 살리는 대신, 외국에 관세를 매겨 우리 국민
을 먹여 살리겠습니다."

트럼프는 관세를 사랑한다. 아니, 숭배한다. 그는 'Tariff(관세)'를
"사전에 있는 단어 중 가장 아름다운 말"이라고 서슴없이 찬양한다.
그에게 관세는 만병통치약이다. 무역적자를 해소하고, 떠나간 제조
업을 불러들이며, 연방정부의 빚을 갚고, 심지어 소득세 감면 재원까
지 마련할 수 있는 마법의 지팡이다. 그는 이 지팡이 하나면 미국을
다시 위대하게 만들 수 있다고 주장한다.

트럼프 2기 행정부는 출범과 동시에 전례 없는 '관세 폭격'을 퍼부었다. 2025년 2월 1일이 되자 중국에 10퍼센트 추가 관세, 캐나다와 멕시코에 25퍼센트 관세를 부과하며 포문을 열었다. 4월 2일에는 전 세계 모든 국가에 기본 관세 10퍼센트를 깔고, 한국 26퍼센트, 일본 24퍼센트, 중국 34퍼센트라는 징벌적 차등 관세를 매겼다.● 광기는 4월 9일에 정점을 찍었다. 트럼프는 대중국 관세를 역대 최고치인 145퍼센트까지 끌어올렸다. 이로써 미국의 평균 실효 관세율은 2.5퍼센트에서 27퍼센트로 폭등했다. 1930년대 대공황을 불렀던 '스무트-홀리 관세법 Smoot—Hawley Tariff Act' 이후 가장 높은 수준이었다.

하지만 결과는 참담했다. 2025년 1분기 미국 경제성장률은 마이너스(-0.3퍼센트)로 곤두박질쳤고, 잡혀가던 인플레이션이 다시 고개를 들었다. 트럼프 1기 때 관세 정책을 겪어본 주요 상대국들은 이전보다 훨씬 더 준비되어 있었기 때문이다.

중국은 "끝까지 싸우겠다"라며 즉각 반격했다. 미국이 34퍼센트 관세를 부과하자 중국도 즉시 보복 관세로 맞대응했다. 이후 미국이 관세를 145퍼센트까지 올리자 중국도 다시 같은 수준으로 대미 관세를 올렸다. 더 아픈 것은 '자원 무기화'였다. 중국은 미국산 석유 수입을

● 한·미 관세는 이후 7월 협상을 거쳐 10월에 15퍼센트로 조정되었다.

90퍼센트 줄여 캐나다산으로 대체해버렸고, 반도체와 방산 핵심 소재인 갈륨·게르마늄 수출을 통제하며 미국의 급소를 찔렀다. 전략국제문제연구소CSIS의 릴리 맥엘위Lily McElwee 연구원은 "시진핑은 지난 7년간 미국의 의존도를 줄이는 데 사활을 걸었다. 그는 지금 중국 경제가 미국의 관세 폭격을 견딜 회복력을 갖췄다고 확신하고 있다."라고 분석했다.

결국 백기를 든 것은 미국이었다. 5월 제네바 협상에서 트럼프는 중국과 상호 관세를 115퍼센트포인트나 인하하는 데 합의했다. 이전에 145퍼센트까지 치솟았던 관세 장벽은 30퍼센트 수준으로 복귀했다. 백악관은 이를 "역사적 승리"라고 포장했지만, 시장은 이를 트럼프의 '사실상 항복'으로 받아들였다.

정권의 무덤, 인플레이션

트럼프가 멈출 수밖에 없었던 진짜 이유는 중국의 반격보다 더 무서운 내부의 적, 바로 '인플레이션' 때문이다.

역사적으로 인플레이션은 정권의 무덤이었다. 바이든이 재선 도전을 포기해야 했던 결정적 이유도 코로나 팬데믹 이후 치솟은 물가 탓이었다. 트럼프의 관세정책이 맞닥뜨린 벽도 인플레이션이었다. 관세는 겉으로는 외국 기업이 내는 세금처럼 보이지만, 실제로는 그 물건을 사는 미국 소비자가 부담하는 '소비세'다. 생필품의 상당 부분을 수입에 의존하는 미국 구조상 관세 인상은 곧장 살인적인 물가 폭등으로 이어진다. 아무리 '미국 우선주의'를 외쳐도 당장 마트에서 장을 보는 국민들의 지갑이 털리면 지지율은 버틸 재간이 없다.

2025년의 관세 전쟁은 '관세만으로는 안 된다.'라는 사실을 증명했다. 관세는 상대를 아프게 할 수 있지만, 나 자신도 피를 흘려야 하는 '양날의 검'이다. 트럼프가 진정으로 중국을 꺾고 미국을 다시 위대하게 만들고 싶다면, 단순히 문을 걸어 잠그는 것을 넘어 더 정교하고 근원적인 경쟁력이 필요하다.

미국의 경쟁 우위이자
중국의 약점, ESG

트럼프는 자신을 "지구상에서 협상을 제일 잘하는 사람"이라 자부한다. 전쟁 중인 우크라이나의 젤렌스키Volodymyr Zelenskyy 대통령 앞에서도 지원을 빌미로 '협상 카드'를 운운했던 게 바로 트럼프다. 전쟁마저 거래의 수단으로 삼는 그가, 최대의 적수인 중국을 상대할 때 과연 무엇을 무기로 쓸까? 협상의 기본은 상대의 가장 아픈 곳, 즉 약점을 찌르는 것이다. 그렇기에 트럼프는 결국 'ESG' 카드를 꺼내 들 수밖에 없다.

패러다임 전환: 가격이 아닌 가치 전쟁으로

냉정히 말해, 미국은 가격 경쟁력으로 중국을 이길 수 없다. 중국은 미국의 촘촘한 제재망을 뚫고 기술 격차마저 빠르게 좁혀오고 있다. 전기차, 드론, 배터리 등 일부 제조업 분야에서는 이미 미국을 추월했다는 평가까지 나온다.

미국이 이 게임에서 승리하려면 패러다임 자체를 바꿔야 한다. '누가 더 싸게 만드느냐'는 가격 전쟁터에서는 승산이 없다. 대신 '누가 더 올바르게 만드느냐'는 규범 전쟁터로 중국을 끌어들여야 한다. 바로 이 지점에서 미국이 쥔 필승 카드가 'ESG'다.

미국 기업은 투명한 지배구조, 확립된 노동권과 인권, 그리고 청정 생산 공정까지 ESG의 모든 영역에서 중국을 압도한다. 이는 중국이 단기간에 모방하거나 따라올 수 없는 격차다. 따라서 미국은 전선을 '가격'이 아닌 '가치'로 옮겨야만 확실한 우위를 점할 수 있다.

중국이 가진 구조적 ESG 리스크

ESG는 미국의 경쟁 우위 지점이자, 중국의 약점이기도 하다. 중국의 ESG 리스크는 개별 기업의 문제가 아니라 체제에서 비롯된 구조적 결함에서 비롯되고, 그래서 단기간에 개선하기도 어렵다. 글로벌 시장의 ESG 기준이 높아질수록 중국 기업은 태생적인 한계에 부딪힐 수밖에 없다.

● **지배구조(G): 공산당 리스크**

공산당 일당 독재 체제에서 기업의 진정한 독립성은 존재하지 않는다. 중국의 주요 기업에는 공산당 위원회가 설치되어 있고, 핵심 의사결정은 당의 지침을 따른다. '국가가 원하면 기업은 내놓아야 하는' 구조 속에서, 글로벌 투자자들이 요구하는 이사회의 독립성이나 회계 투명성을 기대하기는 요원하다.

● **사회(S): 인권이라는 무역 장벽**

노동과 인권은 중국의 가장 큰 약점이다. 3억 명에 달하는 농민공은 낡은 호구戶口 제도에 묶여 교육과 의료 혜택에서 차별받고 있으며, 독립적인 노동조합 결성은 법으로 금지되어 있다. 2010년 팍스콘에서 10여 명의 노동자가 줄지어 자살한 사건이 보여준 제조업의 그늘은 여전히 현재진행형이다.

무엇보다 신장 위구르 자치구의 강제 노동 이슈는 중국에 치명타다. 미국은 이미 '위구르 강제노동 금지법'을 시행 중이고, 유엔도 이를 '반인도주의 범죄'로 경고한다. 하지만 한족과 55개 소수민족으로 구성된 다민족 국가인 중국 입장에서 신장 위구르 지역의 탄압을 중지하고 분리 독립을 허가하는 것은 체제 붕괴의 신호탄이나 다름없다. 서방이 요구하는 수준으로 인권을 개선하느니, '하나의 중국'을 유지하기 위해 경제적 손해를 감수할 가능성이 크다. 이것이 바로 중국의 타협 불가능한 약점이다.

●환경(E): 젊은 석탄발전소의 딜레마

중국의 재생에너지 투자액의 전 세계를 통틀어 3분의 2를 차지한다. 중국은 전 세계 태양광 장비 시장의 80퍼센트, 풍력 장비의 50퍼센트, 전기차 배터리의 60퍼센트를 차지할 만큼 청정에너지 시장에 집중하고 있다. 2024년을 기준으로 재생에너지 발전 규모도 미국의 4배에 이른다. 이렇게 보면 중국은 누구보다 앞선 글로벌 재생에너지 강국이지만, 내부를 자세히 들여다보면 이야기는 달라진다.

중국은 여전히 세계 최대 탄소 배출국이며, 전체 에너지의 약 55퍼센트를 석탄에 의존한다. 연간 온실가스 배출량은 미국의 2배가 넘는다. 더 심각한 문제는 '고탄소 경로 의존성'이다. 중국은 현재 98만MW 규모의 석탄화력발전소를 가동 중이며, 추가로 26만MW 규모의 건설 계획도 잡혀 있다. 설비의 평균 가동 연수는 아직 10년으로 설계수명인 30~40년의 절반도 채우지 못했다. 이런 '젊은' 발전소들을 폐기하는 데는 막대한 매몰 비용이 따른다.

제조업 분야도 마찬가지다. 철강, 시멘트, 알루미늄, 화학 등 중국의 핵심 제조업들은 모두 탄소집약 산업이다. 생산 설비 대부분이 2000년대 이후에 도입되어 투자금 회수까지는 여전히 많은 시간이 필요하다.

중국의 환경 문제는 온실가스에만 국한되지 않는다. 대기오염과 수질오염도 매우 심각한 수준으로, 미국을 포함한 다른 선진국과는 현격한 차이를 보인다.

중국의 ESG 문제는 체제와 결합된 구조적 문제이기에 단기간에 해결할 수 없다. 반면 미국은 이 분야에서 명분(도덕성)과 실리(경쟁력)를 모두 쥐고 있다. 이것이 의미하는 바는 ESG가 단순히 '착한 경영'이 아니라, 미·중 패권 경쟁에서 미국이 중국의 숨통을 조일 수 있는 가장 강력한 무기가 될 수 있다는 뜻이다.

상대의 약점이 곧 나의 무기가 되는 이 완벽한 구도를 트럼프가 모른 척할 리 없다. 물론 그가 공개석상에서 ESG를 옹호하는 발언을 할 가능성은 제로에 가깝다. 하지만 중국을 때리기 위해 ESG라는 이름표를 뗀 몽둥이를 누구보다 적극적으로 휘두를 가능성은 매우 크다.

기후변화:
러스트 벨트를 살릴 돌파구

앞서 우리는 미국이 중국을 견제하려는 이유와 그간 실패했던 시도들, 그리고 트럼프의 관세 정책이 가지는 한계를 이야기했다. 나아가 '실용주의자'이자 '협상가'인 트럼프가 ESG를 중국의 약점이자 미국의 경쟁 우위로 활용할 가능성까지 짚어보았다. 이제부터는 ESG 면에서 미국이 실제로 중국보다 우위에 있는 지점과, 이를 활용할 방법들을 조금 더 자세히 살펴보자.

현대제철이 미국에 해외 생산기지를 지은 이유

현대제철이 미국 루이지애나주에 58억 달러(약 8조 5000억 원)를 투자해 연간 270만 톤 규모의 자동차 강판 특화 제철소를 짓겠다고 밝혔다. 이는 현대제철의 첫 번째 해외 생산기지다. 그런데 왜 하필 미국일까?

가장 직접적인 이유는 '관세'다. 트럼프가 철강과 알루미늄에 가차 없는 관세를 부과했기 때문이다. 이미 2018년 트럼프 1기 시절, 미국은 철강에 25퍼센트, 알루미늄에 10퍼센트의 관세를 매긴 바 있다. 당시 한국은 협상을 통해 관세 대신 '대미 수출 할당제(쿼터)'를 선택했다. 2015~2017년 평균 수출량의 70퍼센트인 263만 톤까지만 무관세로 보내고, 그 이상은 25퍼센트 관세를 무는 방식이었다.

하지만 다시 돌아온 트럼프는 달랐다. 2025년 3월 12일부터 한국산 철강에도 예외 없이 25퍼센트 관세를 부과했고, 불과 3개월 뒤인 6월 4일부터는 그 세율을 50퍼센트로 인상했다. 현대제철이 한국에서 강판을 만들어 미국 공장으로 보내면 50퍼센트의 세금을 맞지만, 미국 현지 제철소에서 만들어 납품하면 이 엄청난 비용을 피할 수 있게 된다.

두 번째 이유는 현대차그룹의 현지화 전략과 맞물려 있다. 현대차와 기아는 이미 앨라배마와 조지아 공장에서 연간 수십만 대의 차량을 생산 중이며, 최근에는 조지아주에 전기차·하이브리드 전용 공장인 '메타플랜트 아메리카HMGMA'까지 완공했다. 그동안 반제품 상태로 철강을 수출해왔으나, 현지에서 직접 조달하면 관세 회피는 물론 물류비용 절감 효과까지 확실하다.

철강, 탄소배출의 주범이자 기회

하지만 현대제철의 미국행에는 관세와 물류비 외에도 더 근본적이고 숨겨진 이유가 하나 더 있다. 바로 '기후변화'다.

철강을 만드는 방식은 크게 두 가지다. 하나는 석탄(코크스)으로 철광석을 녹이고 동시에 철광석에 붙어 있는 녹(산소)을 제거하는(환원) '고로' 방식이고, 다른 하나는 전기를 이용해 고철(철 스크랩)을 녹여 제련하는 '전기로' 방식이다. 철강산업은 전 세계 온실가스 배출량의 약 7퍼센트를 차지하는 대표적인 탄소 다배출 산업인데, 주된 원인은 고로 방식에서 석탄(C)이 산소(O_2)와 결합할 때 발생하는 엄청난 양의 이산화탄소(CO_2) 때문이다.

따라서 제철소가 온실가스 배출을 줄이며 철강을 생산하려면 두 가지 조건이 필요하다. 첫째, 고로가 아니라 전기로를 사용해야 한다. (장기적으로 수소환원제철 기술을 쓰더라도 전기로 공정은 필수적이다.) 둘째, 그 전기로를 돌리는 에너지가 화석연료가 아닌 재생에너지여야 한다.

현대제철이 미국에 짓겠다는 제철소가 이 '전기로' 방식을 사용한다. 바로 여기서 미국의 진짜 경쟁력이 드러난다.

전기로 없는 중국 vs 모든 것을 갖춘 미국

2023년 기준으로 약 18억 5000만 톤에 달하는 전 세계 철강 생산량 가운데 중국이 10억 1900만 톤 이상을 생산하며 압도적 1위를 차지했다. 2위는 인도로 중국의 7분의 1 수준인 1억 4000만 톤을 생산했고, 미국은 8100만 톤으로 4위를 차지했다. 물량 면에서 미국 철강 산업은 중국의 상대가 되지 않는다. 가격 경쟁력 또한 마찬가지다.

하지만 게임의 룰을 '물량'이 아닌 '저탄소'로 바꾸면 상황은 달라진다. 저탄소 철강 생산의 핵심인 전기로 비중을 보면, 2021년 기준으로 미국은 약 70퍼센트에 달해 한국(32%)이나 일본(25%)보다도 월등히 앞선다. 반면 중국은 고작 10퍼센트 수준에 불과하다. 게다가 중국은 비교적 최근에 고로 중심의 설비를 대거 확충했기 때문에, 막대한 매몰비용 탓에 전기로로 전환하기도 어렵다.

또 RE100 달성을 위한 재생에너지 조달 환경에서도 미국은 압도적이다. 미국은 기업이 재생에너지 구매 계약PPA 등을 통해 청정 전력을 조달하기 가장 용이한 시장 중 하나다. 국가 주도로 재생에너지를 늘리고는 있지만 기업 거래가 불투명한 중국이나, 지리적 한계가 명확한 한국·일본에 비해 확실한 비교우위를 점하고 있다.

러스트 벨트의 부활, 답은 '기후'에 있다

미국의 '친환경 철강 경쟁력'은 정치적으로도 매우 중요한 의미가 있다. 바로 러스트 벨트 때문이다.

지리적으로 러스트 벨트는 펜실베이니아, 미시간, 위스콘신 등 미국 북동부와 중서부 지역의 공업지대를 이른다. 이곳은 과거 철강, 석탄, 방직산업 등을 중심으로 미국 제조업의 심장이 되었지만, 이제는 경쟁력을 잃고 공장과 기계들이 녹슬어 낙후 지역으로 전락했다.

이번에는 정치적 지형도를 보자. 예전에 러스트 벨트는 민주당의 텃밭이었다. 그러나 이제는 선거 때마다 그네처럼 지지를 바꾸는 스윙 스테이트, 즉 경합주로 변했다. 특히 최근에는 미국 대통령 선거의 향배를 가르는 핵심 지역으로 떠올랐다.

미국 대통령 선거는 단순 득표율이 아니라 각 주에서 승리한 후보가 해당 주에 할당된 선거인단을 모두 가져가는 독특한 방식으로 진행된다. 2016년 미국 45대 대선에서는 트럼프가 힐러리 **Hillary Clinton** 에게 전국득표율에서는 2.1퍼센트 뒤졌지만, 러스트 벨트 지역에서의 승리를 바탕으로 대통령에 당선됐다. 당시 트럼프는 306명의 선거인단을 확보해서 232명에 그친 힐러리 후보를 압도적인 차이로 꺾었는데, 펜실베니아(20명), 오하이오(18명), 미시간(16명), 위스콘신(10명) 등 러스트 벨트 저소득 백인 노동자의 전폭적 지지가 승리의 핵심 원동력이 되었다. 이후 2020년 바이든의 승리도, 그리고 2024년 다시 트럼프가 승기를 잡은 것도 모두 이 지역 노동자들의 표심 덕분이었다. 트럼프가 철강 관세 50퍼센트 인상을 발표한 곳이 펜실베이니아주 피츠버그의 US스틸 공장 앞이었다는 사실은 결코 우연이 아니다.

하지만 냉정하게 말해, 관세 장벽만으로는 미국 철강 산업의 고질적인 문제인 높은 인건비와 낮은 생산성을 근본적으로 해결할 수 없다. 미국 제조업이 다시 살아나려면, 미국이 제일 잘하는 방식으로 싸워야 한다. 철강산업에서 그 답은 역설적이게도 트럼프가 그토록 부정했던 '기후변화 대응'에 있다. 저탄소 철강은 미국이 마음만 먹으면 즉시 중국을 압도할 수 있는 분야다. 실제로 공화당 내에서도 '해외오염관세법Foreign Pollution Fee Act'이 발의된 바 있다. 미국 제품보다 온실가스를 더 많이 배출하는 수입품에 그만큼의 관세를 물리겠다는 이 법안은, 사실상 탄소 배출량이 많은 중국산 철강을 겨냥한 무기다.

기후 위기를 부정하는 트럼프라 할지라도, '친환경'이 미국 러스트벨트의 일자리를 지키고 중국을 때릴 수 있는 가장 강력한 채찍이 된다면 이를 마다할 이유가 있을까? 이것이 바로 ESG가 미국의 새로운 무기가 될 수 있는 첫 번째 이유다.

노동과 인권:
14억 중국 시장을 옥죄는 우아한 무기

전 세계의 많은 이들이 '트럼프는 반인권, 반노동 대통령'이라는 명제에 고개를 끄덕일 것이다. 국제앰네스티Amnesty International는 "트럼프 대통령 취임 이후 전 세계에서 인권, 국제법, 유엔을 대상으로 다양한 공격이 자행되었다."라고 지적했다. 아녜스 칼라마르Agnès Callamard 사무총장 역시 "트럼프가 보여준 것은 보편적 인권에 대한 극도의 경멸뿐"이라며 날 선 비판을 가했다.

실제로 2기 행정부 출범과 동시에 트럼프는 다양성·형평성·포용성 정책을 전면 폐지하는 행정명령을 발표했고, 1965년 린든 존슨Lyndon B. Johnson 대통령 시절부터 이어져온 연방 계약 업체의 차별 금지 행정명령까지 무력화했다. 유엔 인권이사회와 팔레스타인 난민구호기구_{UNRWA} 탈퇴 역시 예고된 수순이었다. 노동정책에서도 연방 최저임금 인상 논의 중단, 노동조합의 단체교섭권 제한, 작업장 안전 규정 완화 등 기업 친화적 행보를 보이며 노동자의 권익을 축소하는 데 앞장섰다.

해외 인권, 노동권에는 열심인 트럼프

그런데 여기에 흥미로운 반전이 있다. 자국 내에서는 노동 기준을 낮추는 트럼프가, 유독 중국을 비롯한 해외 국가의 인권과 노동권 문제에는 엄격한 잣대를 들이대기 때문이다.

트럼프 1기 시절부터 미국은 신장 위구르족 인권 탄압에 책임이 있는 중국 정부 관리들을 제재 명단에 올렸고, 강제 노동을 이유로 신장 지역에서 생산된 면화와 토마토 가공품의 수입을 전면 금지했다. 바이든 취임 하루 전인 2021년 1월 19일, 마이크 폼페이오_{Mike Pompeo} 당시 국무장관이 중국의 위구르족 탄압을 "집단 학살"로 규정한 것이 트럼프 행정부의 마지막 공식 성명이었다.

이러한 이중적인 태도는 무역협정에서 더욱 선명하게 드러난다. 대표적인 사례가 미국-멕시코-캐나다 협정_{USMCA}이다. 2020년, 트럼프는 기존의 북미자유무역협정_{NAFTA}을 폐기하고 USMCA를 체결하면서 노동 관련 조항을 크게 강화했다. 기존 NAFTA가 노동문제를 부속 협정으로 느슨하게 다뤘던 것과 달리, USMCA는 이를 협정 문 내 독립된 챕터로 격상시켰다. 여기에는 멕시코 내 이민자 및 여성 노동자 보호, 직장 내 폭력 방지, 노조 결성의 자유 보장 등 강력한 조항들이 포함되었다. 압권은 자동차 산업에 적용된 '노동가치비율LVC' 규정이다. 관세 혜택을 받으려면 승용차의 40퍼센트, 트럭의 45퍼센트 이상을 '시간당 최소 16달러'를 받는 노동자가 생산해야 한다고 못 박은 것이다. 심지어 미국은 멕시코에 '노동 담당관'을 직접 파견해 이행 상황을 감시하는 치밀함까지 보였다.

트럼프가 자국 내 인권과 노동문제는 경시하면서, 해외 인권과 노동문제 개선에만 적극적인 이유는 무엇일까? 그에게 인권과 노동권은 지켜야 할 '가치'가 아니라, 상대방을 공격할 '전략적 무기'이기 때문이다. 미국이 멕시코의 자동차 산업에 LVC 규정을 적용시킨 것도 시간당 2~3달러 수준이었던 멕시코의 저임금 경쟁력을 무력화하기 위해서였다.

자유와 인권이 없는 중국의 노동환경

다시 미국과 중국을 살펴보자. 트럼프 재집권 이후 미국 내 인권 지표가 하락세이긴 하지만, 중국과 비교하면 미국은 여전히 압도적인 우위에 있다. 국제 인권 감시 기구 프리덤하우스Freedom House가 발표한 '2025년 세계 자유 지수'에 따르면, 미국은 73점을 기록했지만 중국은 단 9점에 불과했다. 이 64점의 격차가 바로 미국의 무기다.

중국은 노동권의 핵심인 '결사의 자유'를 허용하지 않으며, 독립적인 노동조합 설립 자체가 불법이다. 안전보건법 위반과 임금 체불은 만연하며, 시스템적인 착취 구조가 고착화되어 있다.

화이트칼라와 블루칼라를 가리지 않는 가혹한 노동환경도 문제다. 중국 IT 업계의 악명 높은 '996 문화(오전 9시~오후 9시, 주 6일 근무)'는 이제 옛말이 되었다. 최근 전자상거래 플랫폼 경쟁이 치열해지며 출근을 한 시간 앞당긴 '896 근무제'까지 등장했다. 법적으로 규정된 '일 8시간, 주 44시간' 근무는 명문 조항일 뿐, 현실에서는 철저히 무시된다.

신장 위구르 지역의 문제는 더 심각하다. 미 의회조사국과 연방노동부에 따르면, 2017년부터 10만 명 이상의 위구르족 및 소수민족이 수용소에 갇혀 강제 노동에 시달리고 있으며, 중국산 면화의 약 34퍼센트가 이러한 착취 속에서 생산되고 있다.

중국을 옥죄는 미국의 무기, 노동과 인권

미국은 바로 이 지점을 파고들 것이다. 사회(S), 즉 노동과 인권을 무역 장벽의 핵심 소재로 삼을 수 있기 때문이다.

중국 제조업의 가장 큰 경쟁력은 '저렴한 가격'이다. 그리고 그 가격 경쟁력은 낮은 인건비, 열악한 노동환경, 그리고 강제 노동을 통한 비용 절감, 즉 '사회적 덤핑'에서 비롯된다.

미국이 중국의 인권 문제를 거론하는 것은 도덕적 우월감을 과시하기 위함이 아니다. '정당한 임금을 지불하지 않고 노동자를 착취해 만든 싼 물건은 공정하지 않다.'라는 논리를 내세워 중국 제품에 징벌적 관세를 부과하거나 수입을 금지할 명분을 쌓기 위함이다.

미국은 USMCA에서 멕시코에 했던 것처럼 중국을 향해서도 '우리 시장에서 물건을 팔려면 미국의 기준에 맞는 노동환경과 임금을 보장하라.'라고 요구할 것이다. 만약 중국이 이를 거부하면 시장 접근이 차단되고, 이를 받아들이면 임금 상승으로 인해 중국 제조의 핵심인 가격 경쟁력이 소멸한다. 결국 트럼프에게 노동과 인권(S) 이슈는 중국의 저가 공세를 무력화하고 미국의 제조업을 보호할 수 있는 가장 강력한 비관세 장벽인 것이다.

지배구조: 글로벌 공급망을 통제할 최후의 조커 카드

2019년 5월 16일. 미국 상무부는 세계 최대 통신장비 업체 화웨이를 '거래제한 명단'에 올렸다. 이날부터 화웨이는 구글, 퀄컴, 엔비디아 등 미국 빅테크 기업들로부터 안드로이드 운영체제와 핵심 반도체를 공급받을 길이 막혔다. 한국을 포함한 우방국들도 잇따라 화웨이 통신장비 퇴출에 동참하면서 승승장구하던 화웨이의 매출은 곤두박질쳤다. 지금은 자체 OS인 하모니와 반도체인 기린을 개발하며 어느 정도 재기에 성공했지만, 여전히 AI 시대의 필수재인 엔비디아의 최신 GPU는 구경조차 할 수 없는 처지다.

도대체 미국은 왜 화웨이를 찍어 눌렀을까? 표면적인 이유는 '국가 안보'였지만, 그 안보 위협의 근거가 된 것은 바로 '지배구조'였다.

중국 기업의 주인은 공산당

미국은 화웨이가 민간 기업의 탈을 쓰고 있지만, 실상은 중국 공산당의 지배를 받는 조직이라고 판단했다. 화웨이의 공식적인 소유 구조는 '종업원 지주제'다. 창업주 런정페이任正非의 지분은 1퍼센트 미만이고, 나머지 99퍼센트는 직원들이 소유하고 있다는 것이 화웨이 측의 설명이다. 하지만 서방 세계에서 이 말을 믿는 사람은 아무도 없다. 미국을 비롯한 서방 국가들은 중국 공산당이 회사 내 당 위원회를 통해 화웨이를 운영하고 있다고 의심한다.

화웨이뿐만 아니라 많은 중국 기업들이 사실상 중국 공산당의 지배하에 있다고 의심받는다. 중국에는 서구적 의미의 노동조합이 없다. 대신 '공회工会'라는 것이 있다. 중국 공회법에서는 공회를 '중국 공산당의 지도하에 직원들이 자발적으로 결합한 군중조직'으로 정의하고, "공회가 공산당의 기본노선, 방침, 정책 등을 견지하고 당의 지도사상을 관철한다."라고 명시하고 있다. 공회는 사실상 중국 공산당에 종속된 구조이기 때문에, 화웨이가 말하는 '종업원 지주제'라는 것은 결국 공산당이 통제하고 있다는 것과 마찬가지로 해석될 여지가 충분하다. 실제로 화웨이는 당 위원회의 역할도, 최대 주주 명단도 철저히 비밀에 부치고 있다.

중국의 기업들은 언제든 투자자나 주주의 이익이 아니라 중국 정부의 이익을 위해 움직일 수 있다. 이것이 미국이 중국 기업을 신뢰하지 않는 결정적 이유다. 트럼프 1기 행정부도 바로 이 지점을 파고들었다. 화웨이뿐만 아니라 반도체 기업 SMIC, 항공우주 및 방산 기업들을 '중국군 관련 기업'으로 지정하고 투자를 금지했다. 주주가 아닌 공산당과 인민해방군을 위해 복무하는 기업에 미국인의 돈이 들어갈 수 없다는 논리였다.

중국 기업의 장부는 믿을 수 없다

중국 기업들은 지배구조뿐만 아니라 회계 투명성 문제에도 매우 취약하다. 대표적인 사례가 '루이싱 커피 luckin coffee 스캔들'이다.

2019년 5월, 루이싱 커피는 '중국의 스타벅스'를 꿈꾸며 나스닥 상장에 성공했다. 이후 창업 2년 만에 시가총액 15조 원을 돌파하며 승승장구했다. 그러나 이듬해인 2020년에 대규모 매출 조작 사실이 드러났고, 곧바로 나스닥에서 퇴출당했다.

루이싱 사태는 중국식 성장 모델의 어두운 그림자다. 많은 중국 기업이 지방 정부의 보조금과 막대한 차입금을 바탕으로 수익성 없는 '몸집 불리기'에 몰두한다. 그리고 이 과정에서 필연적으로 발생하는 부실을 감추기 위해 회계장부를 '마사지'하는 유혹에 빠진다. 심지어 중국 공산당은 자신들이 수립한 경제 성장 목표를 달성하기 위해 기업들의 사업 확장을 부추기고, 필요하면 기업의 회계 부실 또는 부정을 의도적으로 방조하기도 한다. 최근 세계 최대 전기차 업체로 떠오른 BYD조차 정부 보조금 의존도와 불투명한 부채 규모 때문에 서구권 투자자들의 의심 어린 시선을 받고 있다.

이에 대응해 트럼프는 1기 재임 시절인 2020년에 '외국기업책임법HFCAA'을 제정했다. 미국 증시에 상장된 외국 기업이 미국 회계감독기구PCAOB의 감사를 받지 않은 경우, 그리고 외국 정부의 통제를 받지 않는다는 것을 증명하지 못한 경우 상장을 폐지할 수 있도록 만든 법이다. 사실상 중국 기업을 겨냥한 저격 법안이었다.

중국 기업을 통제하는 새장

이는 이른바 중국의 '새장경제론'이다. 중국 경제의 아버지라 불리는 천윈陳雲이 주창한 것으로, 여기서 '새'는 기업을 의미하고 '새장'은 계획경제를 의미한다. 시장경제의 자유로운 경쟁은 허용하지만, 기업이 공산당의 통제를 벗어나지 못하게 하겠다는 중국만의 특수한 시장경제 모델이다. 1980년대에 만들어진 이 원칙은 지금도 유효하다. 중국에서 기업은 절대 공산당을 넘어설 수 없다.

이를 어겼다가 추락한 대표적인 인물이 알리바바의 창업자 마윈马

ㅍ이다. 알리바바는 중국 최대 규모의 전자상거래 플랫폼을 기반으로 핀테크와 클라우드 컴퓨팅 등 여러 분야에 진출하며 글로벌 종합 IT 그룹으로 성장했다. 그런데 2020년 10월 24일, 마윈은 상하이 금융 포럼에서 중국 당국을 향해 "전당포 영업 마인드에서 벗어나지 못했다."라며 규제 시스템을 신랄하게 비판했다. 대가는 혹독했다. 중국 정부는 이를 공산당 권위에 대한 도전으로 간주했다. 사상 최대 규모가 될 뻔했던 앤트그룹의 상장은 무기한 중단되었고, 알리바바에는 3조 원대의 천문학적인 과징금이 부과됐다. '중국 IT의 상징'이었던 마윈은 그 후 대중의 시야에서 사라졌다.

명분과 실리를 모두 챙기는 카드, 지배구조

중국 기업들은 평소 글로벌 스탠더드에 맞춰 철저히 시장원리에 따라 움직이는 척한다. 하지만 공산당의 휘슬이 울리면 예외 없이 당의 지침을 최우선으로 따른다. 이는 개별 기업의 도덕적 일탈이나 윤리 문제가 아니라, 국가가 자본을 통제하는 중국 특유의 체제적 한계 때문이다.

지배구조는 미국이 중국을 압박할 때 언제든 합법적으로 꺼내 들 수 있는 조커 카드나 마찬가지다. 미국이 자국 산업을 보호하겠다며 단순하게 관세 장벽을 높이면 당장 '보호무역주의'라는 전 세계적 비판에 직면하게 된다. 하지만 중국 기업의 불투명한 지배구조를 문제

삼으면 상황은 달라진다. '글로벌 투자자 보호'와 '자유 시장의 투명성 확보'라는 완벽한 명분을 얻게 되기 때문이다. 누구도 쉽게 반박할 수 없는 자본주의의 도덕적 우위. 이것이 트럼프 행정부가 이념적으로는 환경(E)과 사회(S)를 맹비난하면서도, 철저한 국익의 관점에서 지배구조(G)라는 무기만큼은 절대 버리지 못할 강력한 이유다.

2부
에너지와 자본이 재편하는
새로운 힘의 질서

기후변화와 에너지:
에너지를 가진 자가 패권을 차지한다

미국의 기후변화협약 탈퇴: 돌아올 다리를 불태우다

"불공정하고 일방적인 파리 기후협정 '사기'로부터 즉시 탈퇴하겠습니다."

2025년 1월 20일, 트럼프 대통령은 취임과 동시에 파리협정 탈퇴 행정명령에 서명했다. 그로부터 1년이 지난 2026년 1월 21일, 미국의 파리협정 탈퇴는 공식 발효되었다. 두 번째 이별이다.

미국과 파리협정의 질긴 악연은 2016년으로 거슬러 올라간다. 당시 오바마 대통령은 임기 말 파리협정을 비준했지만, 이듬해 집권한 트럼프는 곧바로 탈퇴를 선언했다. 하지만 협정 발효 후 3년이 지나야 탈퇴를 통보할 수 있고, 통보 후 1년의 유예 기간을 거쳐야 한다는 조항 때문에 실제 탈퇴는 2020년 11월 4일에야 이뤄졌다. 공교롭게도 그날은 바이든이 당선된 바로 다음 날이었다. 두 달 뒤 취임한 바이든은 곧장 미국의 파리협정 복귀를 선언했다. 결과적으로 당시 미국의 '기후 공백'은 찰나에 불과했다.

하지만 이번은 다르다. 바이든 정부가 일찌감치 복귀한 탓에 '3년의 탈퇴 금지 기간'은 이미 지나버렸다. 트럼프 2기 행정부는 4년을 기다릴 필요 없이 불과 1년 만에 파리협정을 떠날 수 있었다.

우산을 찢고 나간 미국

국제 기후 체제는 거대한 '우산 구조'로 되어 있다. 1992년 리우 회의에서 채택된 유엔기후변화협약UNFCCC이 헌법이자 거대한 우산이라면, 2015년의 파리협정은 그 아래에서 구체적인 이행 규칙을 정한 하위 법률이다. 1992년 협약 채택 당시 세계 각국은 기후 문제 해결을 위한 큰 방향은 협약에 담았지만, 구체적인 이행 목표와 방법은 이후에 추가적인 논의를 통해 결정하기로 했다. 그 결과 2020년 이전까지는 '교토의정서'라는 합의를 통해 정한 세부 감축목표와 이행 수단을 활용했고, 2021년부터는 2016년 채택한 '파리협정'이 그 역할을 대신하고 있다.

UNFCCC에 참여하고 있는 전 세계 198개국은 매년 당사국 총회COP를 열어 UNFCCC 관련 사항을 논의한다. 198개국 가운데 이란,

리비아, 예멘, 그리고 미국을 제외한 194개국은 파리협정에도 참여하고 있다. 그래서 파리협정 당사국 총회CMA도 같은 기간, 같은 장소에서 함께 연다.

통상 COP에서는 UNFCCC 사무국 운영과 절차 등 협상 체계 유지를 위한 의사결정 사안이 주로 논의된다. 핵심 의제인 실질적인 온실가스 감축 목표와 이행 규칙은 대부분 CMA에서 결정된다. 미국은 파리협정을 탈퇴했으므로 CMA에서는 의결권이 없는 옵저버 신세지만, UNFCCC 당사국 지위가 있으면 COP에서는 여전히 발언권을 가진다. 이것이 트럼프 1기 때의 상황이었다.

그런데 파리협정 탈퇴가 발효되기 2주 전인 2026년 1월 7일, 트럼프는 상상을 초월하는 카드를 꺼냈다. UNFCCC를 포함해 66개 국제기구 및 조약에서 일괄 탈퇴하는 행정명령에 서명한 것이다. 이는 단순히 하위 법률을 따르지 않겠다는 선언이 아니라, 헌법 자체를 찢어버리고 나가겠다는 선언이다.

트럼프 1기 당시 보수 진영 일각에서 UNFCCC 탈퇴를 강력히 주장한 적이 있었다. 이때 1기 행정부가 잔류를 결정했던 이유는 '협상 테이블에는 앉아 있어야 미국의 이익을 방어할 수 있다.'라는 논리에 따른 것이었다. 하지만 2기 행정부는 기후 대응 자체를 '미국 국익을 갉아먹는 사기'로 규정하며 협상 테이블 자체를 박차고 나왔다. 이제 미국은 UNFCCC 당사국 지위를 잃게 되는 2027년 1월부터 국제 기후 무대에서의 모든 의결권과 발언권을 상실하게 된다. 이혼 서류에 도장을 찍은 셈이다.

돌아올 다리를 불태우다

트럼프는 왜 이렇게까지 했을까? 이를 이해하려면 미국법상 '조약Treaty'과 '행정협정Executive Agreement'의 차이를 알아야 한다.

●파리협정(행정협정)

미국법에서는 외교 협약과 관련하여 조약으로 처리할 것과 행정협정으로 처리할 것의 기준이 따로 마련되어 있지 않고, 보통 대통령이나 의회가 정치적 상황에 따라 판단하곤 한다. 2015년 오바마 대통령은 파리협정 가입 건의 상원 비준이 불가능하다고 판단하여 대통령 권한으로 체결할 수 있을 만큼 문턱이 낮은 행정협정 형식으로 처리했다. 그 결과 파리협정은 트럼프가 마음대로 탈퇴할 수 있었고, 바이든이 마음대로 재가입할 수도 있었다.

●UNFCCC(조약)

조약은 미국 헌법 제2조에 따라 대통령이 체결하고 상원의원 3분의 2 이상의 동의를 얻어야 비준된다. UNFCCC 가입은 1992년에 상원의 만장일치 비준을 받은 정식 조약이었다. 다만 '탈퇴'에 대한 규정이 없었는데, 트럼프는 이러한 허점을 노려 독자적으로 탈퇴를 선언했다.

1992년 미국이 UNFCCC에 가입할 당시만 해도 협약 내용은 구체적인 감축 의무 대신 "배출량 안정을 목표로 한다."라는 선언적 내용에 그쳤다. 그래서 공화당 소속 상원의원도 모두 가입에 찬성했다.

문제는 공화당 소속 상원의원들이 더 이상 UNFCCC 가입에 찬성할 것이라고 보기 어렵다는 점이다. 트럼프 이후에 민주당 출신 대통령이 나와도 UNFCCC에 재가입하려면 다시 상원의원 수의 3분의 2 이상인 67명의 동의를 받아야 한다. 현재 미국 정치 지형에서 공화당 상원의원 34명만 반대해도 재가입은 불가능하다. 즉 트럼프는 자신이 떠난 뒤에도 미국이 영영 기후 협상 테이블로 돌아올 수 없도록 '돌아올 다리' 자체를 불태워버린 셈이다.

물론 차기 대통령이 꼼수를 써서 행정협정 방식으로 재가입을 시도할 수는 있다. 하지만 1992년에 정식 조약으로 비준받은 협약을 대통령 마음대로 격하시켜 재가입한다는 것은 심각한 위헌 시비를 낳는다. 보수 진영의 소송이 줄을 이을 것이고, 협약의 법적 지위는 벼랑 끝에 서게 될 것이다.

설령 재가입한다 해도 문제는 남는다. 정권이 바뀔 때마다 행정명령 한 장으로 '가입과 탈퇴'를 밥 먹듯이 하는 나라를 누가 신뢰할까?

더군다나 그 나라가 세계 최대 경제 대국이자 탄소배출 2위국인 미국이라면 정상적인 국제기후협상 체제를 유지하는 것 자체가 매우 어려워질 것이다.

미국의 빈자리를 중국이 채워줄 것이라고 기대하는 목소리가 있다. 하지만 냉정하게 봐야 한다. 중국은 경제 규모만 G2일 뿐, 기후 리더십을 발휘할 의지도 능력도 아직 검증되지 않았다. 미국이 박차고 나간 국제기후협상 테이블은 한동안 표류할 수밖에 없다는 사실을 인정해야 할 것 같다.

기후 위기가
보수의 심장을 타격하다

매년 연봉의 10퍼센트를, 그것도 사라지는 돈인 보험료로 내야 한다면 당신은 그 집에서 살 수 있을까?

텍사스에 사는 유명 유튜버 '올리버 쌤 Oliver Shan Grant'이 2025년에 내야 할 주택보험료 고지서를 공개해 화제가 된 적이 있다. 금액은 5065달러. 우리 돈으로 700만 원이 훌쩍 넘는다. 한국에서 아파트 화재보험료로 연간 2~3만 원, 많아야 20만 원 남짓 내는 우리에게는 충격적인 액수다. 더 놀라운 건 인상률이다. 2023년 3048달러였던 보험료가 불과 2년 사이에 60퍼센트 이상 폭등했다. 월세가 아니라, 순수하게 '집을 지키기 위한 보험료'가 이 정도다.

"보험? 그냥 안 들면 그만 아닌가?"라고 생각할 수 있겠다. 하지만 미국에서 주택보험은 선택이 아닌 '금융 필수재'다. 한국이나 미국이나 현금 박치기로 수십 억 원짜리 집을 사는 '금수저'는 극소수다. 대부분은 은행 대출을 낀다. 이때 대다수 미국 은행은 대출 조건으로 주택보험 가입을 의무화한다. 담보로 잡은 집이 허리케인이나 산불로 하루아침에 잿더미가 되면 은행은 대출금을 날리게 되기 때문이다. 따라서 주택보험료 급등은 곧 주거비용의 급등, 더 나아가 '내 집 마련의 불가능'을 의미한다.

자연재해는 2배, 보험료는 20퍼센트 폭등

미국의 주택보험료가 미친 듯이 오르는 이유는 다름 아닌 기후 변화 때문이다. 사고가 잦으면 보험료가 오르는 건 시장의 이치다. 미국 해양대기청NOAA에 따르면, 최근 10년(2015~2024년)간 10억 달러 이상의 피해를 낸 '빌리언 달러 재해' 발생 건수는 직전 10년 (2004~2014년)에 비해 2배 증가했다. 그 이전 10년과 비교하면 3배 나 늘었다. 1980년대와 90년대만 해도 연간 10건 미만에 머물던 대형 재난은 2000년대 들어 서서히 고개를 들더니, 2020년대에 진입하며 폭발적으로 증가했다. 특히 2023년과 2024년에는 역대 최고치를 경신해 연간 25건을 훌쩍 넘겼다. 과거에는 어쩌다 한 번 겪을 '세기의 재난'이 이제는 매년 수십 번씩 미국 전역을 할퀴고 지나가는 '상수'가 되어버린 것이다.

이처럼 자연재해가 일상이 되자 보험사들은 손해율을 견디지 못하고 보험료를 올리거나 아예 시장을 떠나고 있다. 2023년 미국 평균 주택보험료는 전년 대비 21%나 상승했다.

불타는 서부, 물에 잠기는 남동부

미국은 넓다. 국토 면적이 약 998만㎢로 전 세계에서 세 번째로 넓고, 남한의 약 98배에 달한다. 이 가운데 자연재해가 유독 집중되는 지역이 있는데, 바로 남동부(허리케인)와 서부(산불)다. 특히 플로리다와 텍사스의 상황이 심각하다. 1980년 이후 두 지역의 누적 자연재해 피해액은 1888억 달러(약 280조 원)에 달하며, 미국 내에서도 압도적인 1, 2위를 다툰다.

문제는 위험한 곳으로 사람이 몰리고 있다는 점이다. 코로나19 이후 여러 기업과 수많은 인구가 실리콘밸리와 뉴욕의 높은 물가와 세금을 피해 텍사스 또는 플로리다로 자리를 옮겼다. 이 두 주는 최근 수년간 미국 내 순유입 인구 1, 2위를 기록했다. 그런데 앞서 말했듯 이곳은 기후변화의 최전선이다. 재해 발생 가능성은 배로 높아지고 있는데 인구와 자산이 몰리고 있다. 한번 사고가 터지면 피해 규모는 천문학적으로 커질 수밖에 없다. 이것이 미국 보험사들이 비명을 지르는 이유다.

트럼프가 내야 할 기후변화의 청구서

트럼프는 대표적인 기후부정론자다. 그런 그에게 어디서 홍수가 나건 허리케인이 덮치건 무슨 상관일까? 그런데 실상은 그렇지 않다. 기후 재앙이 계속해서 발생하는 플로리다와 텍사스가 공화당의 심장부이기 때문이다.

미국의 정치 지형은 한국과 마찬가지로 뚜렷하다. 미국 북동부와 서부 해안 지역은 주로 민주당을 지지하고, 남부와 중부는 공화당을 지지한다. 특히 캘리포니아와 뉴욕이 민주당의 텃밭이라면, 텍사스와 플로리다는 공화당의 핵심 지지 기반이다.

텍사스는 두말할 것도 없는 보수의 총본산이며, 플로리다는 미국 대선 시기마다 "여기서 이기면 선거는 끝난다."라는 말이 나올 정도로 대선의 향배를 결정짓는 중요한 지역이다. 실제로 1928년 이후 단 세 번을 제외하고는 플로리다에서 이긴 후보가 대통령에 당선됐다. 과거 플로리다는 한국의 충청도처럼 선거 때마다 지지 정당이 달라지는 경합주였다. 하지만 지금은 트럼프의 저택 '마라라고'가 있는 곳이자 공화당의 굳건한 요새가 되었다.

그런데 공화당의 이 가장 중요한 두 지역, 텍사스와 플로리다가 기후 위기로 무너져내리고 있다. 특히 플로리다는 미국 내에서 허리케인 발생 건수로 압도적 1위를 차지한다. 최근 10년 사이에 마이클(2018), 이안(2022), 헬렌(2024) 등 최대 풍속이 시속 252km/h에 달하는 초강력 허리케인이 연달아 플로리다를 강타했다. 이제 연간 주택보험료는 평균 500~700만 원을 넘어 1000만 원대에 육박한다. 결국 보험료를 감당 못 해 집을 팔고 떠나거나, 보험 없이 불안에 떠는 가정이 급증하고 있다. 심지어 대형 보험사들이 플로리다에서의 신규 가입을 거부하는 '보험 철수' 사태까지 벌어졌다.

트럼프의 당선은 "못 살겠다. 갈아보자!"라는 백인 저소득층의 분노에서 비롯됐다. 그런데 지금 기후변화는 바로 그 저소득층 지지자들의 삶을 가장 가혹하게 파괴하고 있다. 자연재해로 집이 부서지고, 보험료가 폭등해 쫓겨날 처지인데, 식료품 가격까지 오른다. 이때 트럼프가 계속해서 '기후변화는 사기'라며 대책 없이 방관한다면 어떻게 될까?

트럼프와 공화당에게 플로리다와 텍사스의 위기는 단순한 환경 문제가 아니다. 자신의 지지 기반이 물리적으로 파괴되고, 경제적으로 파산하는 '생존'의 문제다. 삶이 팍팍해지면 분노는 결국 집권 세력을 향하기 마련이다. 과연 트럼프는 자신의 표밭이 물에 잠기고 불에 타는 것을 보면서도 계속해서 외면할 수 있을까? 기후가 보내는 청구서가 트럼프의 집무실 책상 위에 차곡차곡 쌓여가고 있다.

파고 또 파라:
시장의 법칙을 무시한 트럼프식 희망 회로

인류 발전의 역사는 더 많은 에너지를 얻기 위한 투쟁의 기록이다. 에너지를 지배한 자가 세상을 지배해왔기 때문이다. 인간의 근력에서 가축으로, 석탄과 석유를 지나 미래의 청정에너지까지. 에너지의 형태는 변해왔지만, 주도권을 쥐려는 경쟁의 본질은 변하지 않았다. 물리학은 에너지를 '일을 할 수 있는 힘'으로 정의한다. 국제 정치에서도 마찬가지다. 에너지는 곧 '힘Power'이다.

2022년 7월 15일, 이 '힘'의 냉혹함을 증명한 사건이 있었다. 바이든 대통령은 2018년 발생한 사우디아라비아의 언론인 자말 카슈끄지Jamal Khashoggi 암살 사건의 배후로 무함마드 빈 살만Mohammed bin

 왕세자를 지목했다. 바이든은 빈 살만을 '살인자'라 비난하며, 국제 사회의 '왕따'로 만들겠다고 공언했다.

과거 미국과 사우디의 관계는 떼려야 뗄 수 없는 사이였다. 미국은 이란 견제와 석유 확보를 위해, 사우디는 왕권 안정과 안보 강화를 위해 서로가 필요한 '비즈니스 동맹'이었다. 하지만 2000년대 중반에 '셰일 혁명'이 터지며 미국이 세계 1위 산유국으로 등극하자 상황이 달라졌다. 아쉬울 게 없어진 미국은 중동에서 병력을 철수시키며 발을 빼기 시작했다. 바이든이 빈 살만을 매몰차게 몰아세울 수 있었던 배경이다.

하지만 상황은 다시 한번 급변했다. 러시아-우크라이나 전쟁으로 유가가 폭등하자, 자동차 없이는 못 사는 미국 유권자들의 불만이 폭주했다. 지지율이 곤두박질치자 다급해진 바이든이 빈 살만에게 전화를 걸었지만, 빈 살만은 전화를 무시했다. 결국 바이든은 제 발로 빈 살만을 찾아갔다. 살인자라고 욕하던 빈 살만에게 주먹 인사를 건네며 굴욕을 감수해야 했다. 회담 후 바이든는 "원유 증산 약속을 받았다."라며 성과를 자랑했다. 그러나 사우디 외무장관은 "증산 논의는 없었다."라고 면전에서 반박했다. 바이든의 체면은 완전히 구겨졌다. 세계 최강국 대통령이 에너지라는 실체적 힘 앞에 얼마나 무기력해질 수 있는지 전 세계가 목격한 순간이었다.

국가 에너지 비상사태를 선포합니다

트럼프에게 이 장면은 조롱거리이자 기회였다. '발밑에 막대한 석유가 깔려 있는데, 남의 나라에 가서 구걸 따위를 하다니.' 그러나 한편으로 미국 대통령이 전 세계적으로 망신당하는 모습은 그의 위기감을 자극했을 것이다.

2025년 1월 20일, 트럼프는 취임과 동시에 미국 역사상 최초의 '국가 에너지 비상사태'를 선포했다. 명분은 이러했다. "미국을 다시 위대하게 만들려면 저렴하고 안정적인 에너지가 필수다." 동기야 어쨌든, 트럼프의 주장은 사실과 부합한다. 에너지 없는 성장은 없다. 역사적으로 경제 발전 수준은 에너지 소비량과 비례했다. 미래의 권력인 AI도 마찬가지다. 엔비디아의 GPU를 확보하는 것만큼이나 중요한 문제는, 그 칩을 돌리고 식힐 막대한 전력을 확보하는 것이다.

트럼프는 선거 운동 내내 "Drill, Baby, Drill."을 외쳤다. 땅을 파고 또 파서 화석연료를 무제한으로 채굴하겠다는 뜻이다. 그는 바이든이 도입한 환경규제를 모두 철폐하여 셰일오일과 가스 시추 허가 절차를 간소화함으로써 원유 생산량을 두 배로 늘리고 유가를 절반으로 낮추겠다고 공언했다. 이를 통해 물가를 잡고, 경제를 성장시키며, 에너지 수출로 무역적자까지 해결하겠다는 일석삼조의 계획이었다. 실제로 취임 첫날, 트럼프는 '미국 에너지 해방' 행정명령에 서명하며 다음과 같은 조치를 단행했다.

- 에너지 및 광물 생산을 가로막는 각종 환경규제 철폐
- 액화천연가스 수출에 대한 바이든 정부의 제동 조치 전면 해제
- 전기차 의무화 정책 철폐
- 차량·가전제품에서 소비자 선택권을 제한하는 불공정한 보조금 폐지

시장을 무시한 트럼프식 희망 회로

하지만 트럼프의 계획에는 치명적인 모순이 있다. 바로 '시장의 법칙'이다. '생산을 늘려 유가를 낮추고, 물가 안정과 경제 성장을 유도하겠다.'라는 트럼프의 계획은 일견 타당해 보이지만, 사실은 반쪽짜리 진실이다. 경제학 원론에 따르면 공급이 늘었을 때 가격은 떨어진다. 하지만 가격이 떨어지면? 생산자들은 수지타산이 맞지 않아 공급을 줄이게 된다. 이것이 시장의 보이지 않는 손이다.

공산주의 계획경제라면 국가가 가격과 공급량을 강제로 정할 수 있겠지만, 미국은 자본주의의 심장이다. 자본주의 시장경제에서는 정부가 아닌 시장이 가격을 결정한다. 에너지 가격을 낮게 유지하면서도 생산을 꾸준히 늘리는 것이 가능할까? 민간 석유 기업들이 손해를 보면서까지 트럼프의 '저유가 정책'에 장단을 맞춰 줄까? 트럼프가 집권한 2025년 1월 당시 국제 유가는 배럴당 약 75달러 선이었다. 트럼프는 이를 절반 수준인 40달러 수준까지 낮추겠다고 했다. 하지

만 유가가 40달러로 낮아지면 미국의 셰일 기업들은 생존을 걱정해야 한다.

치킨 게임의 결과

물론 유가를 인위적으로 낮춘 사례는 있었다. 2014년에 사우디를 중심으로 한 석유생산국기구 OPEC은 시장의 파이를 잠식해오는 미국의 셰일 산업을 고사시키기 위해 의도적으로 원유 가격을 낮추고 증산에 돌입했다. 이른바 '치킨 게임'이다.

낮은 가격으로 물량을 쏟아내면, 상대적으로 생산단가가 높거나 보유자금이 부족한 경쟁자는 도산하게 된다. 저가 경쟁을 버틴 생존 기업들은 그제야 다시 생산량을 줄여 가격을 높이고, 이들이 시장의 이윤을 독식한다. 유명한 사례 가운데 하나가 반도체 시장에서의 치킨 게임이다. 우리나라의 삼성전자와 SK하이닉스는 세 차례에 걸친 치킨게임을 통해 미국, 일본, 대만 기업을 물리치고 오늘날 D램 반도체 최강자로 자리잡았다.

2014년 당시 원유 시장에서 벌어진 치킨 게임으로 배럴당 110달러를 넘나들던 국제유가는 28달러까지 폭락했다. 몇 년간 이어진 치킨 게임으로 당시 손익분기점이 7~80달러였던 수많은 셰일 기업이 파산했다. 하지만 최후의 승자는 사우디가 아닌 미국이었다. 살아남은 미국 기업들은 저금리를 방패 삼아 투자와 대출로 자금을 조달하고, 뼈를 깎는 구조조정과 기술 혁신으로 채산성 혁명을 일으켰다. 그 결과 손익분기점을 40달러 선까지 낮추는 기적을 만들어냈다. 반면 국가 재정의 대부분을 원유 수익에 의존하던 사우디는 더 이상 저유가를 버틸 체력이 없었다. 사우디의 원유 생산 원가는 20달러대로 매우 낮지만, 국가재정을 유지하기 위한 '재정 균형 유가'는 90~100달러 수준이었기 때문이다. 결국 사우디가 먼저 백기를 들었고, 미국은 세계 최대 산유국 왕좌에 올랐다.

제2의 셰일 혁명은 불가능하다

트럼프는 원유 생산을 방해하는 환경규제를 모두 철폐하겠다고 했다. 그러면 생산 단가가 더 낮아져서 원유 40달러 시대가 가능하다고 주장한다. 하지만 전문가들의 의견은 다르다.

●비용의 구조적 상승

트럼프의 발목을 잡을 첫 번째 요소는 인플레이션이다. 인건비와 원자재 등 거의 모든 비용이 올랐다. 과거 40달러까지 낮아졌던 셰일오일의 손익분기점은 다시 60달러 이상으로 상승했다. 게다가 바이든 정부 후반기에 이미 원유 증산을 위해 환경규제를 상당히 풀어줬기 때문에, 트럼프가 추가로 규제를 푼다고 해서 드라마틱한 비용 절감 효과를 기대하기는 어렵다.

● **트럼프 정책의 역설: 반 이민과 관세**

두 번째 요소로, 아이러니하게도 트럼프의 핵심 공약인 반 이민과 관세 정책이 에너지 생산 비용을 끌어올리고 있다. 미국 석유·가스 산업은 이민자 노동력에 크게 의존한다. 휴스턴 대학교 에너지 전문가 에드 허스_{Ed Hirs} 교수는 "체감온도가 50도를 넘나드는 텍사스 서부의 살인적인 더위 속에서 시추 장비를 다룰 미국인은 많지 않다."라며, 대규모 추방이 현실화하면 노동력이 10~20퍼센트 감소해 인건비가 폭등할 것이라 경고했다.

관세 또한 치명적이다. 셰일 오일은 시추 초기에 터지듯 쏟아지다가 생산량이 급감하기 때문에 생산량을 유지하려면 끊임없이 새 유정을 뚫어야 한다. 여기에는 막대한 양의 철강과 알루미늄이 들어간다. 그런데 트럼프가 수입산 자재에 고율 관세를 매기면서 시추 비용 자체가 올라버렸다. 천연가스도 마찬가지다. 알래스카의 혹한 속에 가스관을 놓고 수출 터미널을 지으려면 천문학적인 인프라 비용이 필요한데, 관세 장벽이 이를 눈덩이처럼 불리고 있다.

시장은 정치보다 강력하다

정책적 모순에 직면한 트럼프는 판을 엎는 초강수를 뒀다. 2026년 1월 3일, 트럼프는 세계 최대 석유 매장량을 가진 베네수엘라를 전격 침공해 마두로_{Nicolás Maduro} 대통령을 체포했다. 겉으로는 마두로의 마약 밀매 및 국제 범죄 연루를 명분으로 내세웠으나, 실제 목적은 베네수엘라의 석유를 확보하기 위함이라는 것이 정설이다. 사건 이후 트럼프는 기자회견에서 당분간 미국이 베네수엘라를 통치할 것이며, 이를 위한 자금은 베네수엘라의 석유 판매대금으로 충당할 것이라고 선언했다.

하지만 시장의 반응은 싸늘했다. 트럼프는 베네수엘라에서의 석유 생산을 독려하기 위해 석유 업계의 주요 인물들을 백악관으로 불러들였다. 그런데 이 자리에 참석한 세계 최대 석유기업 엑손 모빌의 CEO 대런 우즈Darren Woods는 "현재 베네수엘라는 투자 불가능한 환경"이라며 투자 보호장치 없이는 베네수엘라에 진출하지 않겠다고 공개적으로 밝혔다. 과거 우고 차베스Hugo Chávez 대통령 시절에 베네수엘라는 미국 석유 기업들이 세운 석유 생산 시설을 강제로 국유화한 전력이 있다. 정치가 불안정한 나라에 안전장치 없이 수조 원을 쏟아부을 기업은 없다. 주주의 이익을 최우선으로 하는 CEO들에게 "애국심으로 투자하라."라는 말은 통하지 않는다.

트럼프의 'Drill, Baby, Drill'은 정치 구호로서는 매력적이다. 하지만 주주 이익을 희생하면서까지 정치인의 장단에 춤을 춰줄 기업은 없다. 인건비 상승, 관세 장벽, 그리고 좌초 자산 리스크까지. 시장의 계산기는 트럼프의 구호보다 훨씬 냉정하게 돌아간다.

트럼프는 강력하다. 그러나 시장의 힘은 그 어떤 대통령보다 더 강력하다. 천문학자 칼 세이건 **Carl Sagan** 은 말했다. "우리가 우주의 법칙을 따르지 않으면, 우주의 법칙이 우리를 따르게 만들 것이다." 경제도 마찬가지다. 정치인이 시장의 법칙을 무시하면, 결국 시장이 정치인을 무릎 꿇리게 될 것이다. 트럼프가 마주할 진짜 적은 민주당이 아니다. 바로 시장의 법칙이다.

바이튼의 이중생활: 그는 정말 석유와 결별했을까?

바이튼은 사실 트럼프와 같은 꿈을 꿨다. 에너지 생산을 늘려 물가를 잡고 경제를 성장시키려는 꿈이었다. 차이가 있다면 '에너지의 종류'다. 트럼프가 석유와 천연가스에 올인했다면, 바이튼은 태양광과 풍력 같은 재생에너지로 그 꿈을 이루려 했다. 적어도 표면적으로는 그랬다.

그런데 앞서 봤듯 바이튼은 원유 생산을 늘리고 유가를 잡기 위해 동분서주했으며, 결국 사우디까지 날아가 굴욕을 감수했다. 바이튼 시대에 미국의 석유 생산량은 정말 줄었을까? 아니, 애초에 바이튼은 석유 생산을 줄일 의지가 있었던 것일까?

천 길 물속은 알아도 한 길 사람 속은 알 수가 없다. 그 사람이 정치인이라면 더욱 그렇다. 우리가 판단할 수 있는 건 겉으로 드러난 '결과'뿐이다. 바이든이 어떤 목표를 내걸었는지, 그리고 실제 추진한 정책과 그 성적표는 어땠는지를 따져보는 수밖에 없다.

바이든 화석연료 정책의 이중성

바이든은 후보 시절부터 '2050 탄소중립'과 기후변화 대응 강화를 핵심 공약으로 내걸었다. 취임과 동시에 트럼프가 탈퇴했던 파리기후협정에 재가입했고, 연방정부 소유 토지에서의 신규 석유·가스 시추 허가를 일시 중단시키는 행정명령에 서명했다. 또 온실가스 배출의 주요 원인이 되는 화석연료에 대한 세금 혜택을 축소하고, 셰일가스 개발에 필요한 수압파쇄법 규제를 강화하겠다는 신호도 계속 보냈다.

하지만 '숫자'는 정반대의 이야기를 한다. 바이든이 취임한 2021년부터 임기 막바지인 2024년까지, 미국의 원유 생산량은 줄기는커녕 매년 증가했다. 심지어 미국 역사상, 아니 인류 역사상 단일 국가 최대 원유 생산 기록을 갈아치운 것은 트럼프가 아니라 바이든이었다.

미국 에너지정보청EIA 통계에 따르면, 트럼프 1기 시절 미국의 원유 생산량은 일평균 약 1100만 배럴(bpd) 수준이었고, 최고치는 2019년 11월의 1300만 배럴이었다. 반면 바이든 정부는 2023년 이미 일평균 1290만 배럴을 넘어서며 역대 최대치를 경신했다. 2023년 기준으로 미국은 전년 대비 8.5퍼센트 증가한 생산량을 기록했는데, 이는 전 세계적으로도 보기 드문 증가율이다. [그림 3-1]은 트럼프 1기부터 바이든 재임 시기의 미국 원유 생산량을 나타낸 그래프다. 이를 보면 2023년 12월에는 1330만 배럴을 기록했고, 2024년 말에는 1340만 배럴 선까지 돌파했다. '석유와의 전쟁'을 선포했던 대통령이 실제로는 '석유 생산의 황금기'를 이끈 셈이다.

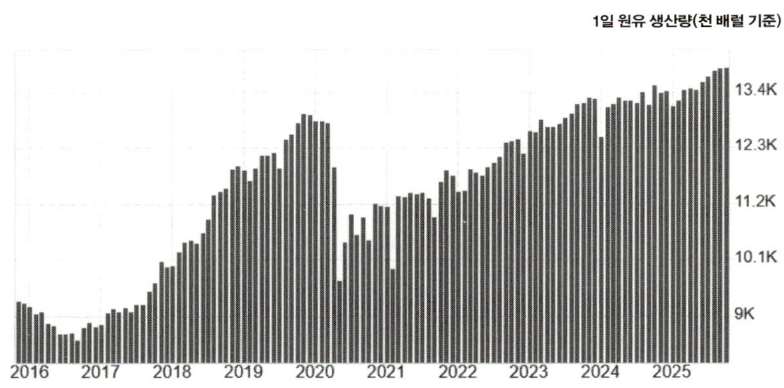

[그림 3-1] 트럼프 1기~바이든 시기 원유 생산량
(출처: Trading Economics)

이상과 현실의 차이, 바이든의 딜레마

바이든은 왜 자신의 공약을 배신했을까? 그를 거짓말쟁이로 몰아세우기 전에, 그가 처했던 현실을 봐야 한다. 바이든이 취임 초기에 보여줬던 강력한 친환경 드라이브는 예상치 못한 두 가지 암초를 만나 좌초됐다.

첫째는 코로나19 팬데믹이다. 바이든 정부는 코로나19 팬데믹 대응을 위해 무제한으로 돈을 풀기 시작했고, 이는 결국 극심한 인플레이션으로 이어졌다. 둘째는 러시아-우크라이나 전쟁이다. 이 전쟁으로 에너지를 비롯해 모든 가격이 급등하기 시작했다.

물가가 치솟자 바이든의 지지율은 수직 낙하했다. 재선을 노리는 정치인에게 '고물가'는 곧 '해고 통지서'나 다름없다. 결국 바이든은 이상을 잠시 접고 현실과 타협했다. 에너지 가격을 낮추기 위해 석유 기업들을 찾아다니며 증산을 압박했다. 마침내 자존심을 굽히고 사우디의 빈 살만 왕세자에게 찾아가 증산을 애걸하기에 이르렀다. 환경 대통령을 자처했던 그가 "기름값이 너무 비싸니 더 많이 파내달라."라고 부탁하는 모순적인 상황이 연출된 것이다.

바이든은 정말 석유와 결별했을까? 아마 마음만은 그랬을 것이다. 하지만 데이터는 정반대의 결과를 보여준다. 바이든 시대의 기록적인 원유 증산은 그가 '거짓말쟁이'여서가 아니다. '정치적 이상'은 '경제적 현실' 앞에서 무릎 꿇을 수밖에 없음을 보여주는 증거다.

에너지 정책의 향방을 결정하는 것은 대통령의 화려한 연설이 아니다. 경제적 논리, 기술적 현실, 그리고 시장의 가격 메커니즘이다. 바이든조차 꺾지 못한 이 시장의 힘은 트럼프 2.0 시대에도 똑같이 적용될 것이다. 트럼프가 아무리 "석유의 시대를 부활시키겠다."라고 외쳐도 시장의 계산기가 "NO."라고 말하면 그 또한 어쩔 도리가 없을 것이다.

석유의 시대가 가고,
재생에너지의 시대가 온다

아무리 부정하려 해도 거스를 수 없는 대전제가 있다. '석유의 시대'는 결국 끝이 난다는 사실이다. 트럼프가 아무리 시곗바늘을 거꾸로 돌려 과거의 영광을 되찾으려 해도, 도도한 역사의 물결을 막을 수는 없다. 이 변화는 단순히 환경보호론자들의 외침 때문만이 아니다. 국가 안보를 위해 에너지 자립을 원하는 정부, 더 저렴하고 효율적인 에너지를 찾는 기업, 그리고 기후 위기라는 생존의 문제에 직면한 인류. 이 모든 주체의 이해관계가 하나의 지점을 가리키고 있기 때문이다. 이미 전 세계의 자본과 기술은 '포스트 석유 시대'를 향해 움직이고 있다.

그 새로운 시대의 이름은 바로 '재생에너지의 시대'다. 시장의 냉정한 계산기가 보여주는 답은 분명하다. 더 이상 캐낼수록 비싸지는 땅속의 화석연료가 아니라, 기술이 발전할수록 저렴해지는 하늘 위의 에너지로 패러다임이 넘어가고 있다. 그리고 아이러니하게도, 트럼프가 그토록 외면하고 싶어 하는 이 새로운 시대에, 가장 큰 축복을 받은 땅은 다름 아닌 미국이다.

신이 축복한 나라, 미국

미국은 지정학적으로 완벽에 가까운 나라다. 동쪽과 서쪽에서 태평양과 대서양이 천연 방어막이 되어주고, 남북으로 맞닿은 멕시코와 캐나다는 우방이거나 약소국이라 침략 위협이 거의 없다. 비옥한 대평원은 기후대에 따라 다양한 작물을 재배할 수 있는 세계 최대 규모의 식량 창고이며, 수심이 깊은 미시시피강은 대륙을 관통하는 천혜의 물류 동맥이다. 여기에 석유, 천연가스, 희토류 등 막대한 지하자원까지 품고 있다. 베스트셀러 『지리의 힘 Prisoners of Geography』의 저자 팀 마샬Tim Marshall이 미국을 "신이 축복한 나라"라고 표현한 것은 결코 과장이 아니다. 미세먼지와 혹한·혹서의 기후, 그리고 자원이라고는 '사람'밖에 없는 좁은 땅에서 치열하게 살아가는 우리 입장에서는, 가끔 "단군 할아버지는 하필 왜 이곳에⋯."라는 한탄이 나올 만큼 부러운 환경이다.

미국은 재생에너지 자원도 풍부하다

미국에 내린 신의 축복은 땅속에만 있는 게 아니라 땅 위에도 넘쳐 난다. 미국은 전 세계에서 재생에너지 잠재력이 가장 풍부한 나라 중 하나다. 미국 국립재생에너지연구소NREL에 따르면, 미국 재생에너 지의 기술적 잠재량은 연간 약44만 TWh에 달한다. 이는 2024년 기 준 미국 전체 전력 소비량(약4097 TWh)의 100배가 넘는 수치다. 태 양광(약40만 TWh)은 서부의 캘리포니아와 네바다의 사막을 비추고, 육상풍력(약3만 TWh)은 텍사스와 오클라호마의 대평원을 휩쓴다. 해상풍력조차 7200 TWh에 달한다. 신은 미국에게 석유뿐만 아니라 바람과 태양까지 아낌없이 부어주었다.

무엇보다 미국에는 이 발전소들을 지을 '공간'이 차고 넘친다. 산지 가 많고 인구 밀도가 높은 한국은 태양광 패널 하나를 놓으려 해도 산 림 훼손이나 주민 갈등을 겪어야 한다. 반면 미국은 광활한 평원과 사 막, 긴 해안선 덕분에 마찰 없이 대규모 단지를 건설할 수 있다.

미국에서 가장 싼 에너지, 태양과 바람

트럼프가 아무리 "재생에너지는 사기"라고 외쳐도 부정할 수 없는 현실이 있다. 바로 '경제성'이다. 현재 미국에서 가장 저렴하게 전기 를 만드는 방법은 석탄도, 가스도 아닌 태양광과 풍력이다.

글로벌 자산운용사 라자드Lazard는 매년「균등화 발전원가 보고서」

를 발표한다. 2024년 보고서를 보면, 보조금을 뺀 순수 발전 비용 기준으로 미국에서 가장 저렴한 에너지는 육상풍력($27/MWh)이었고, 2위는 대규모 태양광($29/MWh)이었다. 반면 천연가스($45/MWh)와 석탄($69/MWh)은 재생에너지보다 1.5배에서 2배 이상 비쌌다. 환경보호나 도덕적 당위성이 아니라 순수하게 '돈의 논리'로 따져도 재생에너지가 화석연료를 압도하고 있다는 뜻이다.

재생에너지의 경제성 향상은 미국에만 한정된 현상이 아니다. 국제재생에너지기구IRENA에 따르면 지난 10여 년 사이 기술 발전에 힘입어 태양광 발전 단가는 90퍼센트 가까이 낮아졌고, 풍력 또한 70퍼센트 가까이 저렴해졌다.

트럼프 1기에도 재생에너지는 성장했다

재미있는 사실은, 기후변화를 부정했던 트럼프 1기 재임 시절(2017~2021)에도 미국의 재생에너지는 폭발적으로 성장했다는 점이다. [그림 3-2]를 보면 트럼프 재임 시기에 재생에너지 투자 규모가 확연히 늘고 있음을 확인할 수 있다. 이 기간 미국의 태양광 설비 용량은 27.4GW에서 76.5GW로 2.8배 증가했고, 풍력 또한 82.2GW에서 122.3GW로 50퍼센트 가까이 늘었다. 2020년에는 미국 역사상 처음으로 재생에너지 발전 비중(21%)이 원자력(19%)과 석탄(19%)을 모두 추월하는 '골든 크로스'가 일어났다.

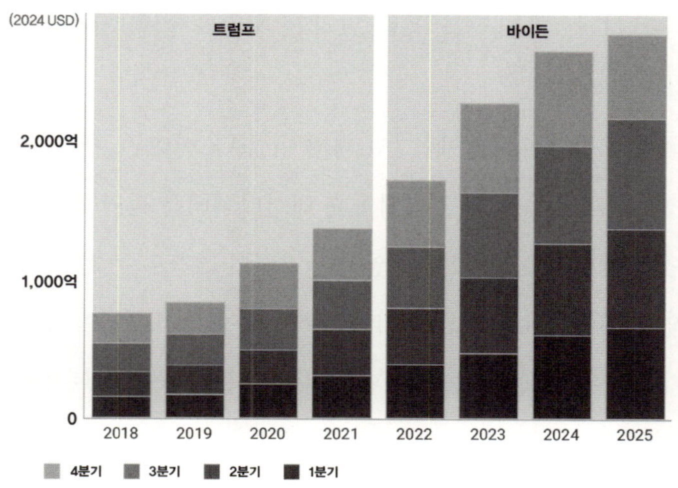

[그림 3-2] 분기별 재생에너지 투자 규모 (2024년 달러 기준)
(출처: 클린 인베스트 모니터)

물론 트럼프 행정부는 연방 토지 내 재생에너지 프로젝트 승인을 오바마 시절의 40퍼센트 수준으로 줄이며 몽니를 부렸다. 하지만 전체 시장에서 연방 토지 프로젝트가 차지하는 비중은 4퍼센트 미만에 불과했다. 대통령이 아무리 행정명령으로 발목을 잡으려 해도 시장의 거대한 흐름을 막기에는 역부족이었다.

2025년, AI가 불러오는 재생에너지의 태양

트럼프 2기가 시작된 2025년에도 이 흐름은 멈추지 않고 오히려 더 가속화되고 있다. 미국 에너지정보청은 2025년 미국의 신규 발전

설비의 91퍼센트가 태양광, 풍력, 그리고 배터리 저장장치로 채워질 것이라고 분석했다.

이 폭발적 성장의 배후에는 'AI 혁명'이 있다. 아마존, 구글, 메타, 마이크로소프트 등 빅테크 기업들은 데이터센터를 돌릴 막대한 전력을 찾아 헤매고 있다. 그들이 원하는 전력의 조건은 두 가지다. '탄소가 없을 것(RE100)' 그리고 '저렴할 것'. 이 두 가지 조건을 모두 만족시키는 것은 현재로서는 재생에너지뿐이다. 「월스트리트저널」은 "1990년 이후 풍력은 연평균 4퍼센트, 태양광과 리튬 배터리는 연평균 12퍼센트씩 비용이 하락하고 있다."며, "트럼프가 화석연료를 밀어주려 해도, 재생에너지의 압도적인 가성비와 기술 발전 속도를 이기기는 역부족"이라고 진단했다. 반도체에서 그 집적도가 2년마다 두 배로 증가한다는 '무어의 법칙 Moore's Law'이 작동한다면, 재생에너지에는 매년 비용이 하락하는 학습 곡선이 작동하고 있다는 것이다.

AI 시대의 전력난은 미국뿐만 아니라 전 세계를 '모든 형태의 에너지'가 필요한 상황으로 몰아넣고 있다. 가장 싸고, 가장 빠르게 지을 수 있는 재생에너지를 정치적 호불호 때문에 외면할 수 있는 한가한 상황이 아니다. 어쩌면 트럼프는 4년 동안 속도방지턱을 몇 개 더 설치할 수는 있을 것이다. 하지만 이미 시장이라는 엔진을 달고 질주하는 재생에너지의 방향을 되돌릴 수는 없다. 태양은 트럼프의 허락을 받고 뜨는 것이 아니기 때문이다.

텍사스의 변심: 문제는 돈이야, 바보야

텍사스는 미국 보수의 상징이다. 한국으로 치면 '대구·경북(TK)'과 비슷하다. 텍사스는 미국 석유 산업의 심장이자, '작은 정부'를 신봉하는 공화당의 텃밭이다. 총기 소지는 자유여야 하고, 기후변화는 의심스러우며, 정부 규제는 악惡이라고 믿는 철학이 뿌리 깊게 박힌 땅이다.

그런데 이 보수의 성지에서 놀라운 일이 벌어지는 중이다. 기후변화 대응의 아이콘인 재생에너지가 그 어느 곳보다 폭발적으로 성장하고 있다. 심지어 그 속도는 이미 진보의 상징인 캘리포니아를 추월했다.

텍사스의 태양이 석탄을 밀어내다

2024년 3월, 텍사스는 에너지 역사에 남을 기록을 세웠다. 한 달 동안 태양광 발전량(326만 MWh)이 석탄 발전량(296만 MWh)을 처음으로 넘어선 것이다. 이를 보여주는 그래프가 [그림 3-3]이다. 10여 년 전만 해도 압도적이었던 석탄 발전이 급감하고, 바닥에 머물던 태양광이 가파르게 치솟아 마침내 극적인 교차점을 만들어냈다.

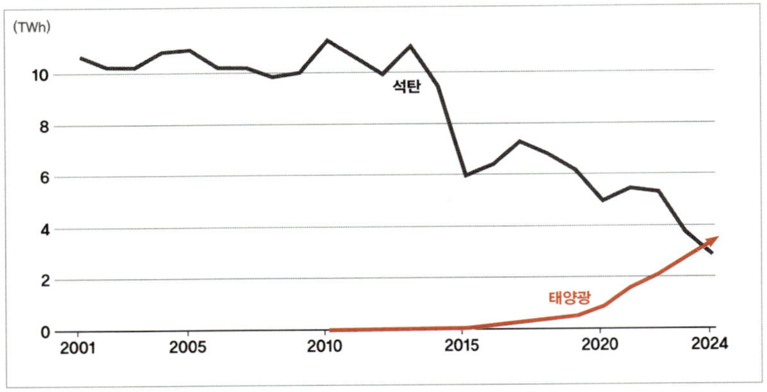

[그림 3-3] 텍사스의 태양광 및 석탄 발전량. 2024년 3월 기준. (출처: Ember)

텍사스 전력망ERCOT의 전반적인 생산 구조를 살펴보면 이러한 변화는 더욱 뚜렷해진다. 2021년부터 최근까지 전체 전력 수요가 매년 지속적으로 증가하는 가운데 천연가스가 여전히 중심을 차지하고는 있지만, 새롭게 늘어나는 수요의 상당 부분을 태양광과 풍력이 빠르게 흡수하며 파이를 키워가고 있다.

발전량 규모 면에서도 압도적이다. 2024년 말 기준으로 텍사스는 41GW의 풍력과 22GW의 태양광 설비를 보유하고 있다. 발전량으로 따지면 2024년 한 해 동안 약 16만 9000GWh의 재생에너지를 생산해, 2위인 캘리포니아(약 9만 2000GWh)를 더블 스코어 가까이 따돌렸다. 이제 텍사스 전력의 약 30퍼센트는 천연가스와 석탄 같은 전통적인 화석연료가 아니라 바람과 태양이 만들고 있다.

보수의 본고장 텍사스에 왜 이런 일이 벌어졌을까? 텍사스 사람들이 갑자기 환경 운동가로 변심이라도 한 걸까? 답은 간단하다. 바로 '돈' 때문이다.

텍사스 재생에너지 붐의 일등 공신은 역설적이게도 공화당이 주도한 '시장 자유화'다. 1999년, 조지 W. 부시 당시 주지사는 전력 시장을 전면 개방했다. 정부가 에너지원을 정해주는 게 아니라, "가장 싼 전기가 이긴다."라는 무한 경쟁 시스템을 만든 것이다. 그리고 이제 보조금 없이도 화석연료와 싸워 이길 만큼 경쟁력이 생기자 재생에너지가 폭주하기 시작했다.

여기에 '송전망 혁명'이 불을 지폈다. 2005년 텍사스 주정부는 서부의 황무지를 '경제적 재생에너지 구역'으로 지정하고, 약 70억 달러(약 10조 원)를 들여 이곳과 도심을 잇는 거대한 '전기 고속도로(송전망)'를 깔았다. 캘리포니아가 환경규제와 복잡한 인허가로 송전망

건설에 수년씩 허비할 때, 규제를 싫어하는 텍사스는 일단 빗장부터 열었다. 그러자 여러 민간 사업자들이 앞다퉈 풍력 터빈과 태양광 패널을 설치하기 시작했다. 민간 기업 중심의 분산형 소규모 발전소가 주를 이루는 재생에너지가 자유로운 전력 시장 구조와 결합하면서, 텍사스는 명실상부한 '재생에너지 1번지'가 되었다.

재생에너지는 돈이 된다

재생에너지는 텍사스 경제의 효자가 됐다. 한 조사에 따르면, 현재 운영 중이거나 계획된 재생에너지 프로젝트가 창출할 추가 세수만 125억~159억 달러(약 18조~23조 원)에 달한다. 가장 큰 수혜자는 보수적인 시골 농장주들이다. 땅을 빌려주고 받는 임대료 수익만 총 71억~113억 달러(약 10조~16조 원)로 추산된다.● 농사짓던 땅에 태양광 패널이나 풍력 터빈 몇 개만 꽂으면 꼬박꼬박 현금이 들어오니, 평생 공화당만 찍어온 농부들이 누구보다 열렬한 재생에너지 지지자가 되었다.

기업 유치 효과도 확실하다. 코로나19 이후 재택근무가 일상화되면서, 집값도 저렴하고 세금도 적은 텍사스로 본사를 옮기는 실리콘

● Advanced Power Alliance et al., *Clean Energy Industry Generating Billions for Texas Landowners and Local Governments* (Austin, TX: APA, January 21, 2025), 3~5, https://poweralliance.org/report

밸리 빅테크 기업들이 생겨나기 시작했다. 이 흐름에 불을 붙인 것은 AI 혁명이다. AI 데이터센터를 돌려야 하는 빅테크 기업들에게 'RE100'을 달성할 수 있는 텍사스의 청정 전력은 거부할 수 없는 매력이다. 텍사스의 바람과 태양이 지역 일자리를 만드는 일등 공신이 된 셈이다.

문제는 돈이다

텍사스의 변화가 주는 교훈은 분명하다. 에너지는 신념의 문제가 아니라 '먹고사는 문제'라는 것이다. 텍사스 사람들은 여전히 기후변화를 의심하고 정부 규제를 싫어한다. 하지만 그들은 철저한 실용주의자다. 내 지갑을 채워주고, 세금을 덜 내게 해주며, 일자리를 만들어주는 에너지가 있다면 그것이 석유든 태양광이든 가리지 않는다.

1992년 빌 클린턴은 "문제는 경제야, 바보야It's the economy, stupid."라는 슬로건을 앞세워 당시 걸프전 승리로 인기가 하늘을 찌르던 아버지 부시 대통령을 꺾었다. 지금 트럼프가 마주한 상황도 다르지 않다. 아무리 그가 "석유가 최고"라고 외쳐도, 자신의 텃밭인 텍사스 주민들에게 막대한 현금을 안겨주는 재생에너지 파이프라인을 끊을 수 있을까? 정치 구호는 4년을 가지만, 경제적 이익은 영원하다. 트럼프조차 거스를 수 없는 재생에너지의 힘. 그것은 바로 '돈'에서 온다.

AI 혁명이 쏘아올린 원자력 르네상스

"AI 인프라에는 막대한 전력이 필요합니다. 원자력은 훌륭한 대안입니다."

_젠슨 황(엔비디아 CEO)

AI가 전기를 집어삼키고 있다. 전력 수요가 폭증하면서 한동안 잊혀졌던 '원자력 발전'이 다시금 화려한 조명을 받고 있다. 트럼프의 친원전 기조와 맞물려 '원전 르네상스'라는 장밋빛 전망이 쏟아진다.

때마침 글로벌 빅테크 기업들도 앞다퉈 지갑을 열고 있다. 마이크로소프트는 2019년 경제성 악화로 조기 폐쇄됐던 스리마일 원자력 발전소 1호기를 재가동해 2028년부터 전력을 공급받겠다고 선언했다. 구글은 차세대 원전 개발사 '카이로스 파워Kairos Power'와 2030년까지 500MW 규모의 소형모듈원전SMR 구매 계약을 맺었다. 아마존 역시 'X-에너지'의 SMR 프로젝트에 투자하며 2030년대 초반부터 320MW 전력을 확보하겠다고 밝혔다.

AI와 원자력은 찰떡궁합

사실 AI와 원자력은 기술적으로나 경제적으로나 궁합이 매주 잘 맞다. 세 가지 이유가 있다.

●압도적인 전력 생산 규모

AI 학습과 추론에 쓰이는 GPU는 전기를 하마처럼 집어삼키고, 그 열을 식히는 냉각 시스템에도 막대한 에너지가 들어간다. 원전은 단일 발전소에서 기가와트급의 대용량 전력을 안정적으로 뿜어낼 수 있어 이 거대한 '에너지 괴물'들을 감당할 수 있는 몇 안 되는 현실적 대안이다.

●24시간 멈추지 않는 안정성

태양광은 밤에 잠들고 풍력은 바람이 멈추면 쉰다. 하지만 거대 AI 모델의 학습과 운영은 1초도 멈추지 않고 돌아가야 한다. 24시간 내내 일정한 출력(기저 부하)을 유지하는 원전의 특성은, 연중무휴로 가동되어야 하는 데이터센터의 서버 특성과 완벽하게 맞아떨어진다.

● 탄소중립

구글, 마이크로소프트 등 빅테크 기업들은 이미 탄소중립 달성을 약속한 상태다. 화석연료를 쓸 수는 없고, 재생에너지만으로는 공급이 불안정한 딜레마 속에서, '탄소를 배출하지 않으면서도 고품질의 전기를 공급하는' 원전은 거부할 수 없는 매력적인 선택지다.

트럼프의 원자력 청사진: AI 안보의 핵심

트럼프는 후보 시절부터 "원자력을 키우겠다."라고 공언했다. 그리고 그 말대로 취임 직후 '원자력 산업 기반 재활성화' 행정명령을 승인했다. 그는 이 명령에서 "AI 글로벌 경쟁에서의 승리와 에너지 독립을 위해 무정전 전력 공급이 필수"라며, AI와 원자력을 '국가 안보' 차원에서 하나로 묶었다.

실제로 트럼프는 AI 데이터센터를 '중요 방위 시설'로 지정하고, 여기에 전력을 공급하는 원자로를 '핵심 방위 인프라'로 분류했다. 또 에너지부 장관에게 "30개월 내에 AI 인프라를 위한 첨단 원자로를 배치하라."라고 지시하는 등, 원전을 단순한 에너지원이 아닌 '안보 자산'으로 격상시켰다. 트럼프 시대에 원자력의 위상은 그 어느 때보다 높다.

미국은 원자력을 사랑한다

트럼프가 친원전 정책을 펴고 있다면, 이전에 민주당은 탈원전을 지지했을까? 그렇지 않다. 트럼프뿐만 아니라 바이든도 원자력에 진심이었다. 보수와 진보가 원전을 두고 치고받는 한국의 정치 지형에 익숙한 우리에게는 낯선 풍경이다.

바이든 정부의 유산인 인플레이션감축법IRA에는 재생에너지뿐 아니라 원자력 지원 패키지가 가득 담겨 있다. 기존 원전의 경제성을 높이기 위해 MWh당 최대 15달러의 생산 세액 공제PTC를 도입했고, 폐쇄 위기에 놓인 원전을 살리기 위해 60억 달러 규모의 '민간 원자력 크레딧 프로그램'을 가동했다. 실제로 폐쇄될 뻔했던 미시간주 팰리세이즈 원전이 15억 2000만 달러의 대출 보증 덕분에 기사회생했다.

국제무대에서도 마찬가지였다. 2023년 COP28에서 바이든은 2050년까지 전 세계 원전 용량을 3배로 늘리자는 '원자력 3배 확대 선언'을 주도했다. 세계은행에 원전 금융 지원을 촉구한 것도 바이든이었다.

물론 민주당이 처음부터 원전에 찬성한 것은 아니다. 1979년 스리마일 원전 사고 이후 민주당은 40년 넘게 원전에 부정적이었다. 그런데 2020년, 민주당은 강령을 "기술 중립적 접근"으로 수정하며 원전을 '청정 에너지'로 인정하고 찬성으로 돌아섰다. 2024년 7월, 상원을 통과한 '원자력 발전 가속화 법안ADVANCE Act'이 상원 88대 2, 하원

393대 13이라는 압도적 찬성으로 가결된 것은 미국 내 초당적인 '친원전 합의'를 보여주는 결정적 증거다. 즉 미국은 트럼프가 집권해서 갑자기 친원전이 된 것이 아니라, 2020년 이후 여야를 막론하고 원자력을 밀고 있었다는 뜻이다.

원전 르네상스? 문제는 타이밍

AI 확산으로 전력 수요가 폭발하고, AI와 원자력은 찰떡궁합이며, 미국은 여야를 막론하고 원전을 사랑한다. 그렇다면 이제 '원전 르네상스' 시대가 활짝 열린 것일까? 이 지점에서 우리가 고려해야 할 핵심 변수가 있다. 쉽사리 짐작하는 안전성이나 폐기물 논란이 아니다. 바로 '타이밍'이다.

AI 전력 수요는 '미래'가 아니라 당장 발등에 떨어진 '현실'이다. ChatGPT 검색 한 번에 드는 전력은 구글 검색의 약 10배다. 하루 2억 명이 쓰는 챗봇을 돌리는 데만 연간 수십 TWh가 필요하다. 국제에너지기구IEA는 2030년까지 전 세계 데이터센터 전력 소비량이 현재의 최대 5배인 1000TWh까지 폭증할 것으로 내다봤다.

문제는 원전을 짓는 속도가 AI의 속도를 따라가지 못한다는 점이다. 원전 건설에는 보통 10년 이상이 걸린다. 사막에 뚝딱 지은 것 같은 UAE 바라카 원전도 8년이 걸렸고, 프랑스 플라망빌 3호기는 무려 17년째 공사 중이다. 핀란드 올킬루오토 3호기는 예정보다 13년 늦은 2022년에야 가동됐고, 영국 힝클리 포인트 C는 2025년 완공 목표가 2031년으로 밀렸다. '빨리 짓는다'는 소형모듈원전도 사정은 비슷하다. 선두 주자인 테라파워 Terra Power나 뉴스케일파워 Nuscale Power조차 빨라야 2030년 전후에나 첫 상업 운전이 가능하다. 어디까지나 모든 게 계획대로 됐을 때의 이야기다.

눈앞으로 다가온 난제, 전력 정책

2030년까지 폭발하는 AI 전력 수요를 당장 원전으로 감당하는 건 물리적으로 불가능하다. 신규 대형 원전을 건설하는 데는 부지 선정부터 완공까지 최소 10~15년이 소요되며, 차세대 대안으로 꼽히는 소형모듈원전 역시 2030년대 중후반에나 본격적인 상용화가 가능하기 때문이다. 앞서 언급한 마이크로소프트의 경우처럼 기존 원전의 수명을 연장하거나 폐쇄 원전을 재가동하는 방식을 대안으로 삼을 수 있지만, 그 발전량은 제한적이다.

2030년 이후의 전력 수요 예측과 대응은 더 어렵다. AI 산업도 결국 플랫폼 비즈니스다. 구글이 검색 시장을 평정하고 나서 수많은 검색 엔진 기업들이 사라졌다. AI 시장도 마찬가지 일이 벌어질 것이다. 지금은 오픈AI, 구글, 앤트로픽, 메타, xAI 등 여러 기업이 각자의 AI 모델을 개발하며 경쟁하고 있지만, 10년이 지날 무렵엔 한두 개의 지배적 승자가 시장을 독점할 가능성이 크다. 여기에 전력을 덜 소모하는 고효율 AI 반도체의 등장과 경량화 언어모델로의 기술 최적화 속도까지 고려하면 언젠가 데이터센터의 무한 확장 경쟁이 멈출 것이라 짐작할 수 있다. 그러면 어떻게 될까? 10년쯤 뒤 우리는 막대한 비용과 공을 들여 지은, 필요하지도 않은 원전을 떠안아야 할 수 있다. 이를 에너지 업계에서는 '좌초자산의 비극'이라 부른다.

지금 당장 AI발 전력 부족 현상만 보고 "원전만이 정답"이라고 단정하는 것은 위험하다. 지금 우리가 해야 할 일은 질문을 던지는 것이다. 현재의 AI 전력 수요 급증세는 앞으로도 유지될까? 어쩌면 태양광과 배터리 기술이 비약적으로 발전해 더 싸고 깨끗한 전기를 공급하고 있지 않을까? 아니면 에너지 생태계 자체가 완전히 달라져 있지 않을까? AI 수요라는 눈앞의 급한 불을 끄는 것도 중요하지만, 10년 후 기술과 시장이 어떻게 변해있을지를 내다보아야 한다.

전력 정책은 동시에 여러 목표를 달성해야 하는 다차원적 최적화 문제다. 실시간 수급 균형을 맞추면서도 전력 비용을 최소화해야 하고, 탄소배출을 줄여 기후변화에도 대응해야 한다. 여기에 에너지 안보와 산업 경쟁력까지 고려하면 복잡성은 기하급수적으로 증가한다. 여기서 끝이 아니다. 미래 전력 수요도 고려해야 하고, 미래의 발전원별 균등화발전비용 LCOE도 생각해야 한다. 그리고 재생에너지의 간헐성 문제를 해결할 수 있는 에너지저장장치의 비용 하락 추세와 스마트그리드, 가상발전소 VPP, 수요반응 DR 등 전력 시스템의 유연성을 높여줄 기술의 발전 속도로 고려해야 한다.

AI 시대의 에너지 전략은 과거 어느 때보다 복잡하고 정교한 '타이밍 싸움'이 되고 있다.

4장

자본의 냉혹한 계산기: 정의보다 수익이 먼저다

ESG는 정치적 올바름이 아니라 상업적 올바름이다

기업의 궁극적인 존재 이유는 '이윤 추구'다. 최근 '이해관계자 자본주의'로의 전환이 필요하다는 목소리가 높지만, 현재 법과 제도에 따라 기업의 이사와 경영진은 여전히 주주의 이익을 극대화하기 위해 고용된 대리인이다.

우리는 종종 글로벌 기업들이 '착한 기업'이 되기로 결심했다는 식의 낭만적인 서사를 접한다. 언론은 그들의 친환경 활동이나 다양성 정책을 조명하며, 마치 CEO들이 도덕적 각성을 통해 인류의 미래를 구하기로 작정한 것처럼 묘사한다. 그런데, 과연 그럴까?

단언컨대 '착한 경영' 서사는 ESG의 본질을 흐린다. 절대다수의 기업과 금융기관이 ESG를 하는 이유는 도덕적 우월감이나 정치적 올바름 때문이 아니다. 그들이 ESG를 선택한 이유는 오직 '지속 가능한 이윤 추구', 즉 '상업적 올바름Commercial Correctness'에 있다. ESG는 착한 경영이 아니라, 변화하는 세상에서 살아남고 더 많은 돈을 벌기 위한 가장 합리적이고 계산적인 생존 전략이다.

시장 변화를 감지하는 레이더, ESG

기업은 진공 상태가 아닌 사회 속에 존재한다. 생존하고 성장하려면 가장 예민하게 사회 환경의 변화를 포착해야 한다. 지금 기업을 둘러싼 환경은 과거와 비교도 안 될 정도로 복잡하고 빠르게 변하고 있다. 소비자의 가치관이 뒤집히고, 새로운 세대가 지갑을 열기 시작했으며, 각국 정부는 기후와 불평등을 명분으로 강력한 규제의 칼을 휘두르고 있다. 이런 상황에서 ESG는 기업에게 가장 정교한 '변화 감지 레이더'이자 '조기 경보 시스템' 역할을 한다.

● E(환경)

기후 위기는 더 이상 북극곰의 문제가 아니다. 물리적 리스크가 공장 가동을 멈추게 하고, 탄소국경조정제도CBAM 같은 무역 장벽이 현실화되고 있다. ESG는 이 거대한 시장 변화를 미리 읽는 도구다.

● S(사회)

소비자와 인재를 끌어당기는 자석이다. 사회적 가치를 중시하는 MZ와 알파 세대가 주력 소비층으로 부상했다. 다양성과 포용성, 높은 수준의 노동 환경 없이는 혁신을 이끌 인재도, 물건을 사줄 고객도 확보할 수 없는 시대가 되었다.

● G(지배구조)

투자의 전제 조건이다. 투명하고 합리적인 의사결정 구조 없이는 거대 연기금을 비롯한 글로벌 기관투자자들의 신뢰를 얻을 수 없다.

글로벌 기업들에게 ESG는 윤리적 책임을 다하는 차원이 아니다. 규제, 불매 운동, 투자 철회 같은 리스크가 터지기 전에 미리 감지하고 대응하는 고도의 경영 전략이다. 당장의 비용 증가를 감수하더라도 장기적인 수익성을 확보하기 위한 필연적 선택인 셈이다.

‘흑인 인어공주’는 디즈니의 오판일까?

디즈니는 실사판 〈인어공주〉(2023) 영화에 흑인 배우 할리 베일리 Halle Bailey를 캐스팅했다. 이처럼 애니메이션에 성 소수자나 다양한 인종 캐릭터를 등장시키는 행보를 두고 많은 이들이 "디즈니가 정치적 올바름에 굴복했다."라고 비판했다. 그런데, 과연 그럴까?

이 일을 정치가 아니라 경영 전략의 관점에서 보면 이야기가 완전히 달라진다. 디즈니의 선택은 이념이 아니라 '철저한 시장 분석'의 결과다. [그림 4-1]을 보자. 미국 인구조사국 US Census Bureau 데이터에 따르면 미국 전체 인구에서 비히스패닉 백인 비중이 50퍼센트 밑으로 떨어지는 시점은 2045년경이다. 하지만 디즈니의 핵심 고객인 18세 미만 아동 인구에서는 이미 2020년에 비히스패닉 백인● 비중이 절반 아래로 떨어졌다. 지금 태어나는 아이들의 절반 이상은 유색인종이라는 뜻이다. 이들에게 자신과 닮은 영웅을 보여주는 것은 도덕적 배려가 아니라 당장 눈앞의 고객을 놓치지 않기 위한 당연한 시장 확보 전략이다. 그리고 디즈니의 미래 성장 동력은 이미 포화 상태인 북미가 아니라 중국, 인도, 남미 등 신흥 시장에 있다. 글로벌 흥행을 위해서는 백인 일변도의 캐릭터로는 한계가 뚜렷하다. 즉 다양성은 '착한 선택'이 아니라 글로벌 시장에서 살아남기 위한 '필수 생존 전략'이라는 뜻이다.

물론 〈인어공주〉가 상업적으로 성공을 거두지는 못했다. 하지만 개별 콘텐츠의 흥행 실패를 ESG 전략 전체의 실패로 치환할 수는 없다.

● Non-Hispanic White. 미국에서 히스패닉은 남아메리카 스페인어권 국가 출신을 이른다. 히스패닉은 인종이 아니라 '민족' 또는 '정체성'의 문제다. 일반적으로 미국에서 실시되는 인구조사에서 사람들은 '인종을 묻는 질문(백인/흑인/아시아계 등)'과 '히스패닉계/라틴계'를 묻는 질문을 함께 받는다.

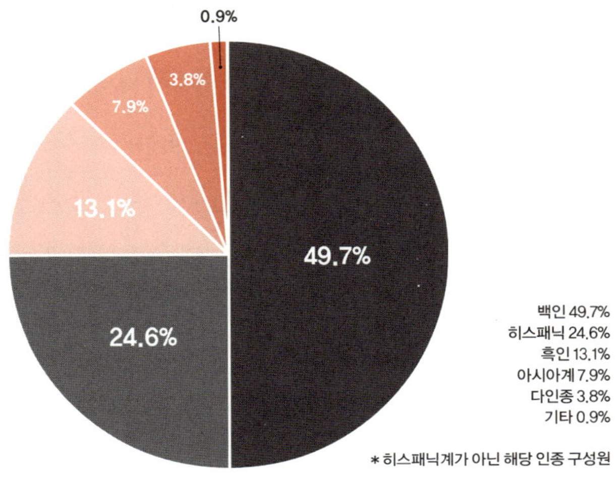

[그림 4-1] 2045년 미국 인구의 인종 구성 예측

ESG 경영을 통해 인구 통계학적 변화를 감지했다면, 그것을 '언제, 어떻게' 구현할지는 경영진의 실력 문제이지 방향성의 문제는 아니기 때문이다.

상업적 올바름을 위하여

글로벌 기업들의 ESG 경영은 '정치적 올바름'이 아닌 '상업적 올바름'을 위한 선택이다. ESG를 진보 진영의 전유물이나 지나가는 유행 정도로 치부하는 것은 비즈니스의 본질을 놓치는 것이다.

트럼프가 아니라 그보다 더한 사람이 권력을 잡는다 해도 기업의 목적은 변하지 않는다. 기업은 계속해서 주주의 이익을 위해 돈을 벌어야 한다. 그러기 위해서는 ESG라는 렌즈를 통해 변화하는 시장을 읽고, 남보다 먼저 움직여야 한다. ESG는 가장 탐욕스럽게 이익을 좇는 기업들이 선택한 '가장 상업적이고 합리적인 수단'인 것이다.

잔혹해지는 공급망 ESG 청구서

기업이 돈을 버는 원리는 단순하다. 누군가에게 제품이나 서비스를 파는 것이다. 그 '누군가'는 개인(B2C)일 수도, 다른 기업(B2B)일 수도, 정부(B2G)일 수도 있다. 한국은 이 가운데 B2B 거래가 생명줄인 나라다. 2023년 기준 한국의 GDP 대비 수출 비중은 약 44퍼센트로 OECD 최상위권인데, 우리가 파는 반도체, 철강, 배터리, 석유화학 제품의 약 80퍼센트는 해외의 '다른 기업'이 산다. 정권의 향방도 중요하지만, 기업의 생사를 결정하는 진짜 권력은 결국 '내 물건을 사주는 고객'에게 있다. 그리고 한국 기업의 고객은 대부분 글로벌 기업이다.

DEI는 사라져도, ESG는 남았다

트럼프 재집권 이후, 미국 기업들 내부에서 DEI 부서가 축소되거나 폐지되는 흐름이 뚜렷하다. 하지만 변하지 않은 것이 있다. 바로 '공급망 ESG 정책'이다.

글로벌 기업들의 생산 구조가 복잡해지면서 그들은 더 이상 제품이 만들어지는 전 과정을 직접 통제하지 못하게 됐다. 반면 소비자가 브랜드를 바라보는 눈높이는 그 어느 때보다 높아졌다. 게다가 지금은 공급망 리스크가 곧 브랜드의 평판 리스크가 되는 시대다. 예를 들어 나이키 하청 공장에서 아동 노동 문제가 터지거나, 애플 부품 공장에서 폐수를 무단 방류했다고 가정해보자. 소비자는 하청 업체에 관해서는 잘 알지 못한다. 그들이 비난의 손가락질을 보내고 불매하는 것은 결국 나이키나 애플 같은 최종 소비재 기업과 브랜드다. 최근 도입되는 '지속 가능성 공시 제도'가 기업 내부뿐만 아니라 협력업체의 탄소 배출량Scope 3과 인권 리스크까지 공개하라고 요구하는 이유도 여기에 있다.

트럼프가 자국 내 환경 규제를 푼다고 해서 글로벌 기업들이 해외 공급망에 대한 고삐를 늦출까? 그렇지 않다. 오히려 미국 내 규제가 느슨해질수록, 글로벌 브랜드들은 리스크 관리를 위해 한국을 포함해 해외 공급망에 더 엄격한 글로벌 표준을 요구할 가능성이 크다. 미국 밖은 트럼프의 관할 구역이 아니기 때문이다.

명분과 실리를 모두 보장하는 카드, 공급망 ESG 요구

글로벌 기업들이 공급망 ESG 요구를 멈추지 않는, 아니 멈출 수 없는 진짜 이유가 하나 더 있다. 이것이 아주 훌륭한 '가격 협상의 무기'가 되기 때문이다. 공식적으로 인정하는 기업은 없지만, 구매팀의 비즈니스 세계에서는 이미 공공연한 비밀이다.

국내 기업 ESG 담당자들을 만나보면 계약에서 ESG 요구조건을 추가하는 글로벌 기업이 늘어나고 있다고 입을 모은다. 계약서에 깨알같이 박힌 ESG 조항들이 실제 협상 테이블에서 '단가 후려치기'의 명분으로 활용되고 있다고 증언한다. 구매 기업 입장에서는 ESG 경영 실천이라는 '명분'과 원가 절감이라는 '실리'를 동시에 챙길 수 있다. 이 좋은 카드를 그들이 굳이 버릴 이유가 없다.

실제로 트럼프 2.0 시대에도 공급망 ESG 생태계는 확장 중이다. 글로벌 공급망 ESG 평가 기관인 에코바디스EcoVadis에 따르면, 2025년 평가에 참여한 기업 수는 약 15만 9000개로 전년 대비 9000개 이상 증가했다. 정치가 어떻게 변하든 자본의 논리는 여전히 간깐하고 계산적이다.

결국 수출 주도의 한국 B2B 기업들에게 글로벌 공급망의 ESG 요구는 피할 수 없는 '청구서'이자 냉혹한 '무역 장벽'이다. 미국 정부의 환경 규제가 잠시 후퇴하더라도, 우리의 진짜 고객인 글로벌 빅테크와 다국적 기업들의 잣대는 오히려 더욱 날카로워질 것이다.

이제 '착한 기업'이라는 추상적인 장식은 버려야 한다. 철저한 데이터 기반의 '진짜 ESG 경쟁력'으로 무장하지 않는다면, 글로벌 고객사의 단가 인하 압박과 계약 해지라는 치명적인 철퇴를 결코 피할 수 없을 것이다.

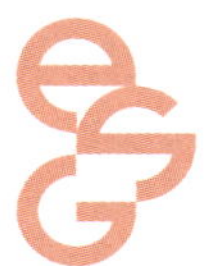

블랙록은 약 13조 달러, 우리 돈으로 1경 9000조 원을 굴리는 세계 최대 자산운용사다. 상상조차 하기 힘든 이 천문학적인 돈을 굴리는 래리 핑크 회장이 최근 이재명 대통령을 만난 자리에서 한국의 AI와 재생에너지 인프라에 수십조 원을 투자하겠다고 밝혀 화제가 되기도 했다.

블랙록은 한때 'ESG 전도사'였다. 2020년 연례 서한에서 래리 핑크가 던진 "기후 리스크는 곧 투자 리스크다."라는 화두는 전 세계 기업들을 ESG 경영으로 몰어넣은 결정적 신호탄이었다. 그런데 불과 3년 뒤인 2023년 6월, 그는 돌연 태세를 전환했다. 그는 "나는 더 이상

ESG라는 단어를 사용하지 않겠다."라고 선언했다. ESG 열풍을 만든 장본인의 이 한마디는 시장에 충격을 주었고, 일각에서는 'ESG의 종말'을 이야기하기 시작했다.

ESG 정치 논쟁의 최대 피해자, 래리 핑크

사실 블랙록은 과거에 '기후 악당'으로 불렸다. 인덱스 펀드 특성상 석탄 기업의 주식을 대량으로 보유할 수밖에 없었기 때문이다. 그런 그들이 갑자기 기후변화의 최전선에 선 이유는 무엇일까? 답은 간단하다. 고객의 돈을 지키기 위해서다.

블랙록의 자금 대부분은 연기금이나 퇴직연금 같은 '장기 투자 자금'이다. 코로나 팬데믹을 거치며 기후변화가 먼 미래의 이야기가 아니라 당장 자산 가치를 떨어뜨릴 수 있는 '실질적 금융 리스크'로 인식되자, 블랙록은 고객의 수익을 위해 ESG를 투자 의사결정에 적극적으로 반영하기 시작했다.

그러나 ESG 이슈가 점점 부각되면서 ESG를 둘러싼 정치적 대립도 격화됐다. 공화당은 "블랙록이 깨어 있는 척하며 미국 석유 산업을 죽인다."라고 맹비난했고, 반대로 민주당과 환경단체는 "블랙록이 여전히 화석연료에 투자하며 그린워싱Greenwashing을 한다."라고 공격했다. 래리 핑크는 의회 청문회의 단골손님이 되어 양쪽에서 난타당했다.

결국 2023년 1월, 래리 핑크는 블룸버그텔레비전 인터뷰에서 "ESG 담론이 기업이 아닌 개인의 정치에 이용되면서 ESG 개념이 더럽혀졌다."라고 토로했다. 이어 6월에 있었던 아스펜 아이디어 페스티벌에서는 이렇게 선언했다.

> "ESG라는 단어는 극좌와 극우 모두에 의해 철저히 '무기화Weaponized'되었다. 그래서 나는 더 이상 이 단어를 쓰지 않겠다."

래리 핑크는 정말 ESG를 버렸을까?

여기서 중요한 건 래리 핑크가 '단어'를 버리겠다고 했지, '투자 철학'을 버리겠다고 한 적은 없다는 사실이다. 그는 "ESG라는 말을 안 쓸 뿐, 블랙록의 입장은 바뀌지 않는다. 우리는 여전히 투자 기업들과 탈탄소화, 지배구조 개선을 논의할 것"이라고 못 박았다. 실제로 그는 2023년 7월 실적 발표에서 "전환 투자Transition Investing는 아마도 오늘날 세계에서 가장 큰 기회 중 하나일 것"이라고 말했다. ESG 대신 이름표만 바꿔 달았을 뿐, 내용은 그대로다.

트럼프 시대가 왔다고 해서 블랙록의 본질이 변할까? 블랙록이 굴리는 돈은 래리 핑크 개인의 돈이 아니다. 교사, 소방관, 간호사들이 평생 모은 은퇴 자금이다. 자산운용사의 법적 의무는 이 돈을 안전하게 불려주는 것이다. 10년, 20년 뒤의 기후 리스크를 무시하고 막무가내로 투자했다가 고객의 노후 자금을 날려먹는 무책임한 운용사에 수수료를 낼 고객은 없다.

ESG는 래리 핑크의 도덕적 신념이 아니다. 고객의 자산을 장기적 위험에서 보호해야 한다는 '수탁자의 책무'이자, 블랙록이 돈을 버는 '생존 전략'이다. 정치적 논란을 피하고자 용어는 폐기했지만, 리스크를 관리하고 수익을 극대화하려는 블랙록의 행동 양식은 조금도 변하지 않았다. 래리 핑크의 말 속에 모든 답이 있다.

"나는 환경주의자가 아니라 자본주의자입니다. 블랙록은 고객 자산의 수탁자이기에 지속 가능성에 투자합니다. 블랙록이 추구하는 ESG는 기업과 주주가 공동으로 번영하기 위한 자본주의의 수단입니다."

돈은 정의를 따르지 않는다. 철저히 '수익'을 따른다. 정권이 바뀌고 용어가 달라져도 시장의 기본 원리는 변하지 않는다. 장기적 리스크를 피하고 지속 가능한 가치를 만드는 기업이 결국 더 큰돈을 벌어다 주기 때문이다. 이것이 세계 최대 자산운용사가 트럼프 시대에도 여전히 ESG를 계속하는 이유다.

기후공시의 미래: 정부는 시장을 이길 수 없다

우리는 편의점에서 껌 한 통을 살 때도 무의식적으로 많은 것을 따진다. 가격은 얼마인지, 무슨 맛인지, 혹시 몸에 해로운 성분은 없는지. 고작 몇천 원짜리 소비를 할 때도 우리는 정보를 살피고 의사결정을 내린다. 하물며 거액이 오가는 기업 투자는 오죽할까. 재무제표는 기본이다. 하지만 숫자만으로는 부족하다. 그 기업이 속한 산업의 업황은 어떤지, 미래를 위한 R&D 투자는 제대로 하고 있는지, 오너 일가의 일탈 리스크는 없는지 등 따져봐야 할 정보는 한두 개가 아니다.

단기투자자가 아니라 국민연금처럼 수십 년을 내다봐야 하는 장기투자자라면 셈법은 더 복잡해진다. 이 기업이 5년, 10년 뒤에도 급변하는 환경 속에서 살아남아 내 노후 자금을 불려줄 수 있을지를 판단해야 하기 때문이다. 전 세계 투자자들이 '지속가능성 정보 공시'의 무화를 그토록 강력하게 요구하는 이유도 여기에 있다. 기후변화를 비롯한 비재무적 요소가 이미 기업의 가치, 즉 '주가'에 직접적인 영향을 미치고 있기 때문이다.

트럼프가 막아선 기후공시, 시장의 선택은?

트럼프 2.0 시대가 열리면서 기후공시의 미래를 우려하는 목소리가 높다. 2024년, 미국 증권거래위원회는 우여곡절 끝에 기후공시 의무화 규정 최종안을 승인했다. 하지만 곧바로 공화당 주도의 주 정부와 기업들이 소송을 제기했고, 시행은 멈춰 섰다. 그리고 트럼프 행정부가 들어서자마자 증권거래위원회는 소송 방어를 사실상 포기하며 기후공시는 무력화됐다.

그렇다면 이제 기후공시는 끝난 것일까? 자본주의는 시장 스스로 효율성을 찾아가는 시스템이다. 어떤 의도로 시작되었든, 시장에서 쓸모없는 것은 도태되고 진짜 필요한 것은 결국 살아남는다. 주식시장은 이 자본주의 원리가 가장 냉혹하게 작동하는 곳이다. 만약 기후 정보가 투자에 필요하지 않다면 정부가 아무리 강제해도 시장은 외면할 것이다. 반대로 투자 수익을 내는 데 꼭 필요한 정보라면 트럼프, 아니 트럼프 할아버지가 와서 막아도 시장은 그 정보를 요구하고 찾아낼 것이다.

정치가 아니라 시장이 공시를 요구한다

트럼프 당선 이후에도 월 스트리트의 큰손들은 여전히 기후공시 의무화를 요구하고 있다. 이유는 간단하다. 기후변화가 기업의 재무제표를 망가뜨리고 있기 때문이다. 태풍, 홍수, 산불 등 자연재해로 공장이 멈추고 보험료가 폭등하고 있다. 탄소국경세가 현실화되고, 에너지 전환의 흐름 속에 좌초되는 자산이 늘어나고 있다. 돈을 벌어야 하는 금융기관 입장에서 기후변화는 정치적 논쟁거리가 아니라 피하고 싶은 '금융 리스크'일 뿐이다.

일각에서는 "GM이나 포드도 전기차 속도 조절에 들어갔고, 배터리 기업들도 고전하는데 굳이 기후정보가 필요한가?"라고 묻는다. 오해하지 말자. 투자자들이 요구하는 건 '무조건 친환경 사업을 하라.'가 아니다. 그들이 보고 싶은 건 기업의 '리스크 관리 능력'이다. 내가 투자한 기업이 기후변화로 인한 물리적 타격과 정책 변화를 제대로 예측하고 있는지, 그리고 그 시나리오에 맞춰 어떤 생존 전략을 짜고 있는지를 투명하게 공개하라는 것이다. 불확실성이 커질수록, 시장은 더 많은 정보를 원한다.

연방정부가 멈추면 주 정부가 달린다

미국은 어디까지나 연방제 국가다. 트럼프가 연방 차원의 공시를 막아섰지만, 주 정부는 개별적으로 움직일 수 있다. 실제로 트럼프 재집권하자마자 캘리포니아와 뉴욕 등 미국 전체 GDP의 57퍼센트를 차지하는 24개주가 모여 연방정부 정책과는 별개로 강력한 기후변화 정책을 유지하겠다는 기후동맹을 결성했다.

이들 가운데 일부는 독자적인 기후공시제도 도입도 추진하고 있다. 대표적인 곳이 캘리포니아다. 세계 5위 경제 대국인 캘리포니아주는 2023년 통과된 기후공시법에 따라 2026년부터 매출액이 일정 규모 이상인 기업들에게 기후공시를 의무화했다. SB 253은 연매출 10억 달러 이상, SB 261은 5억 달러 이상 기업을 대상으로 삼는데, 이 법의 영향권에 드는 기업만 약 5,400개에 달한다. 구글, 애플, 월마트 등 웬만한 글로벌 기업은 캘리포니아에서 사업을 하므로, 사실상 미국 전체에 기후공시가 의무화되는 효과를 낳는다. 뉴욕, 일리노이, 워싱턴주 등도 유사한 법안을 만지작거리고 있다.

미국 밖은 더 빠르다. 유럽연합은 이미 2025년부터 강력한 지속 가능성 공시CSRD를 시행 중이며, 호주(2025년), 일본·영국(2027년 예정) 등 주요국들도 의무화 대열에 합류했다. 글로벌 공급망으로 얽힌 세상에서 미국 기업만 '나 홀로 깜깜이'로 남을 수는 없다.

미국 보수의 아이콘 로널드 레이건 Ronald Reagan 전 대통령은 이렇게 말했다. "정부가 문제를 해결하는 것이 아니라, 정부가 문제다." 이 말은 곧 '정부는 시장을 이길 수 없다.'라는 뜻이다. 자본 시장은 지금 더 투명하고 정확한 기후정보를 원하고 있다. 그것이 돈을 버는 데, 혹은 돈을 잃지 않는 데 필수적이기 때문이다. 보수주의자를 자처하는 트럼프는 과연 시장이 원하는 정보를 막으려는 반 시장적 규제로 시장의 힘을 이길 수 있을까? 답은 이미 정해져 있다.

국부펀드는 과연 트럼프의 마법 지갑일까?

2025년 2월 4일, 트럼프는 연방 국부펀드 설립을 지시하는 행정명령에 서명했다. 후보 시절부터 공언했던 "정부 돈으로 고속도로와 공항을 짓고, 제조업에 투자해 돈도 벌겠다."라는 구상을 실행에 옮긴 것이다.

현재 전 세계적으로 국부펀드를 운용하는 나라는 약 30여 개국이다. 노르웨이, 사우디아라비아, 카타르 같은 산유국이나 싱가포르, 중국처럼 막대한 외환보유고를 쌓아둔 나라들이 대표적이다. 한국 역시 한국투자공사 KIC 를 통해 외환보유액 일부를 국부펀드로 굴리고 있다.

국부펀드들의 영향력은 막강하다. 2022년 방한해 재벌 총수들을 줄세웠던 사우디 빈 살만 왕세자의 자금줄은 그가 의장을 맡은 사우디 국부펀드PIF다. PIF는 축구 팬이라면 익숙할 잉글랜드 뉴캐슬 유나이티드의 주인이다. 카타르 국부펀드QIA 역시 이강인 선수가 뛰는 파리 생제르맹을 소유하고 있다.

무엇보다 국부펀드는 글로벌 주식 시장의 큰손이다. 세계 최대 국부펀드인 노르웨이 국부펀드GPFG는 전 세계 상장 주식의 약 1.5퍼센트를 보유하고 있다. 엄격한 의미에서의 국부펀드는 아니지만, 한국 국민연금 역시 세계 3대 연기금으로서 2025년 12월 기준으로 약 1470조 원을 굴리며 글로벌 자본 시장을 호령한다.

국부펀드를 잘 굴리면 나라의 재산이 불어난다. 노르웨이 국부펀드는 2024년 한 해에만 300조 원(수익률 13%)을 벌어들였다. 한국 국민연금도 2025년 1월부터 10월까지 200조 원(수익률 16.63%)이 넘는 수익을 냈다. 이러하니 트럼프가 국부펀드에 눈독을 들이는 것이 당연하다.

미국 정부에는 돈이 없다

사실 미국에 투자기금이 없는 것은 아니다. 연기금으로는 캘리포니아 공무원연금이나 뉴욕주 공적연금, 텍사스 교직원퇴직연금 등이 있고, 알래스카 영구기금 같은 주 단위 기금도 있다.

하지만 '연방' 차원의 펀드는 이야기가 다르다. 가장 큰 문제는 '종잣돈'이다. 국부펀드는 보통 '남는 돈(재정 흑자나 오일머니)'을 굴리기 위해 만든다. 그런데 미국 연방정부는 남는 돈이 없다. 오히려 빚더미에 앉아 있다. 2024년 재정 적자만 약 2조 달러(약 2960조 원)였고, 국가 부채는 35조 달러(약 5경 원)를 넘었다. 현재 미국은 소비 지출이 수입보다 많아지고 있으며, 이는 지난 25년간 계속된 현상이다.

트럼프는 "관세 수입으로 충당하겠다."라고 호언장담했다. 그러나 그는 이미 관세로 벌어들인 돈으로 법인세도 깎아주고 소득세도 없애주겠다고 약속했다. 쓸 곳은 많은데 돈은 한정적이어서 현실성이 떨어진다. 약 5.7조 원에 달하는 연방정부 소유의 땅 자산을 판매하거나, 알래스카처럼 석유 채굴 기업에 기금 적립을 강제하는 방법도 있다. 하지만 이는 "에너지 가격을 절반으로 낮추겠다."라는 자신의 공약과 충돌할 수 있다. 기업에 돈을 뜯어내면서 가격은 내리라고 할 수는 없는 노릇이다.

씨는 트럼프가 뿌리고, 열매는 민주당이?

어쨌든 '한다면 하는' 트럼프다. 연방정부의 자산을 팔아치우거나, 다른 어떤 수단을 동원해서라도 국부펀드 기금을 조성하려 들 것이다. 의회 눈치 안 보고 내 마음대로 돈을 쓸 수 있는 '마법의 지갑'이 생기는데 그가 주저할 리가 없다.

　그런데 시야를 조금 더 멀리, 트럼프 이후의 시대를 내다보자. 만약 공화당이 재집권에 실패하고 민주당이 다시 백악관의 주인을 배출한다면 어떻게 될까? 아마도 민주당은 트럼프가 채워둔 곳간을 보고 쾌재를 부를 것이다. 그리고 이 막대한 자금을 'ESG 투자'의 도구로 적극 활용할 것이다.

　이렇게 추측할 만한 이유가 있다. 첫 번째는 바로 바이든이 대통령으로 취임한 뒤 행사한 첫 거부권 때문이다. 근래에 국내에서 대통령 및 권한대행의 거부권 행사가 빈번하게 일어나 거부권 행사의 의미가 퇴색된 감이 없지 않다. 그러나 대통령의 거부권은 본래 매우 신중하게 이루어진다. 바이든의 4년 재임 기간 중 거부권 행사 횟수는 모두 12번이었고, 트럼프 1기에는 10번이었다. 오바마와 부시 대통령은 재임 8년간 각각 12번의 거부권을 행사했다. 한국에서도 1988년 민주화 이후 문재인 대통령 시기까지 역대 대통령의 거부권 행사 횟수는 모두 합쳐 16차례에 불과했다. 그만큼 대통령의 거부권 행사, 그중에서도 첫 번째 거부권 행사가 가지는 상징성은 매우 크다. 그리고 2023년 3월 20일 당시 바이든이 첫 거부권을 행사한 법안은 바로 '퇴직연금 운용사가 투자 결정 시 ESG 요소를 고려하지 못하게 하는 공화당 결의안'이었다. 즉 오래전부터 민주당에게 ESG는 타협할 수 없는 가치라는 의미다.

ESG의 오래된 큰손, 국부펀드와 연기금

두 번째 이유는 전 세계 투자자 가운데 ESG 투자에 가장 '큰손'이 바로 국부펀드와 연기금이기 때문이다.

노르웨이 국부펀드는 1.5조 달러(약 2000조 원)을 굴리는데, 비윤리적 기업, 석탄 기업, 담배 회사 등에는 아예 투자하지 않는다. 국내에서는 한국전력, 포스코인터내셔널 등 7개 기업이 투자 배제 목록에 올라 있다. 또 노르웨이 국부펀드는 단순히 돈만 빼는 게 아니라, 주주로서 기업에 "탄소를 줄이라.", "지배구조를 투명하게 하라."라며 ESG 경영 수준을 개선해달라는 서한을 보낸다.

미국 최대 연기금인 캘리포니아공무원연금기금은 ESG 투자에 매우 적극적이다. 전 세계적으로 주주행동주의를 가장 먼저 도입한 연기금이기도 하며, 투자 의사결정 및 관여 정책에 ESG 이슈를 적극 반영한다. 아울러 클라이밋 액션 100+ CA100+와 넷제로 자산소유사 연합 NZAOA 등에 초기 멤버나 의장사로 참여하는 등 기후변화 이니셔티브 참여에도 적극적이다.

캘리포니아공무원연금기금은 민주당 정책의 바로미터격이다. 즉 만약 민주당이 다시 정권을 잡게 된다면, 국부펀드를 통해 조성한 돈을 어디에 투자할 것인지와는 별개로 투자 대상이 되는 프로젝트나 기업에게 ESG 요소에 대한 기준과 요구를 강화할 것이 뻔하다.

도구에는 의지가 없다. 도구가 어떻게 쓰이느냐는 쓰는 사람에게 달려 있다. 트럼프는 자신의 정치적 야망을 위해 국부펀드를 만들겠지만, 정권은 유한하다. 지난 30년간 미국에서 한 정당이 8년을 넘겨 집권한 적은 없다. 언젠가 백악관의 주인은 바뀔 것이고, 그때 트럼프가 남긴 유산은 역설적이게도 ESG를 강화하는 가장 강력한 무기로 쓰이게 될지 모른다.

일본의 대반격: 150조 엔의 승부수 '그린 트랜스포메이션'

바람이 불면 갈대가 눕는다. 미국이라는 바람이 불어왔을 때 가장 먼저, 그리고 가장 납작하게 눕는 나라는 일본이다.

2016년, 아베 신조安倍 晋三 전 일본 총리는 트럼프가 대통령으로 공식 취임하기도 전에 가장 먼저 미국으로 달려갔다. 뉴욕 트럼프 타워를 찾아가 골프채를 선물했고, 이후 마라라고 리조트에서 함께 라운딩을 돌았다. 당시만 해도 트럼프는 국제 정치의 이단아로 취급받고 있었고, 그에게 이렇게까지 먼저 몸을 숙인 선진국 정상은 거의 없었다. 트럼프와 골프를 치다 벙커에서 뒹굴던 아베의 모습은 지금도 일본의 처절한 대미 저자세 외교를 보여주는 상징적인 장면으로 회자

된다.

2021년에 바이든 행정부가 들어서자 일본은 언제 그랬냐는 듯 다시 바이든과 보조를 맞췄다. 미국의 대중 견제 전략에 앞장서며 '전진 기지'를 자처했고, 기후 정책에도 적극 협조하며 자국의 감축 목표를 가장 먼저 상향 조정했다. 트럼프가 다시 돌아온 지금도 기조는 변하지 않았다. 일본은 대미 관세 협상에서 사실상 '퍼주기 식'으로 모든 것을 내어줬고, 이에 협상을 앞둔 다른 나라들 사이에서 볼멘소리가 터져 나올 정도였다.

그런데 이렇게 미국 정권의 색깔에 맞춰 카멜레온처럼 변신했던 일본도 절대 바꾸지 않은 것이 하나 있다. 바로 아베노믹스에서 출발해 정권을 거치며 계승하고 있는 'ESG 및 기후 경쟁력 강화 전략'이다. 2025년 2월, 이시바 시게루石破茂 전 총리는 트럼프 재집권 이후에도 "일본의 그린 트랜스포메이션Green Transformation, GX 정책은 흔들림 없이 지속될 것"이라고 못 박았다. 미국의 눈치를 누구보다 많이 보는 일본이, 왜 ESG 문제에서만큼은 트럼프와 다른 길을 고집하는 것일까?

아베노믹스: ESG는 경제 성장의 도구다

일본의 ESG 정책은 2013년 아베 신조 내각의 경제 패키지, 이른바 '아베노믹스'에서 출발점을 찾을 수 있다. 아베노믹스는 세 개의 화살로 구성된다. 첫째는 '금융 완화(돈 풀기)', 둘째는 '재정 확대(정부 지출)', 그리고 마지막 세 번째 화살이 바로 구조 개혁을 통한 '성장 전략'이다. 놀랍게도 일본은 ESG를 이 '성장 전략'의 핵심 수단으로 배치했다.

1990년대 버블 붕괴 이후 일본 기업들은 돈을 벌어도 다시 사업에 투자하지 않고 내부 유보금으로 쌓아두기만 했다. 주주 가치보다 내부 논리를 우선시하는 폐쇄적인 지배구조는 일본 주식 시장의 매력을 떨어뜨렸다. 아베는 이 고질병을 고치기 위해 '기업 지배구조 개혁'과 'ESG 경영'을 도입했다. 즉 일본에게 ESG는 환경 보호 운동이 아니라, 자본 효율성을 높여 외국인 투자를 유치하고 주식 시장을 부흥시켜 경제 전체의 선순환을 만들기 위한 철저한 '경제 부흥책'이다. 환경(E)과 사회(S) 이슈를 비용이 아닌 '새로운 투자처'로 바꾸고, 지배구조(G)를 뜯어고쳐 글로벌 자본을 끌어들이려는 일본의 생존 전략인 셈이다.

그린 트랜스포메이션: 150조 엔의 승부수

일본은 아베노믹스의 유산을 확장해 GX 계획을 수립했다. 이는 2023년 「GX 실현을 위한 기본방침—향후 10년의 로드맵」이라는 이름으로 발표됐다. 2050년 탄소중립을 목표로 향후 10년간 민·관을 합쳐 150조 엔(약 1400조 원) 이상의 투자를 이끌어내겠다는 거대한 구상이다.

　GX 전략의 키워드는 '성장 지향형 탄소중립'이다. 환경 규제를 경제 성장의 발목을 잡는 족쇄가 아니라, 산업 구조를 전환하고 신성장 동력을 만드는 엔진으로 쓰겠다는 발상이다. 이를 위해 일본 정부는 탄소 부담금 제도인 '성장 지향형 탄소 가격제도'를 단계적으로 도입하기로 했다. 여기에는 배출권 거래제GX-ETS, 화석연료 수입에 대한 탄소 가격 신설, 전력 부문의 유상 할당 경매 등이 포함되어 있다. 마중물도 확실히 붓는다. 정부는 2033년까지 총 20조 엔 규모의 GX 경제 이행채권을 발행해 선제적으로 투자할 계획이며, 실제로 2024년 2월에는 세계 최초로 1.6조 엔 규모의 '기후 전환 국채'를 성공적으로 발행했다.

　미국의 눈치를 그토록 보는 일본이 트럼프 시대의 노골적인 압박 속에서도 ESG만은 고수하려는 이유는 분명하다. 일본은 1990년대 자산 버블 붕괴 이후 글로벌 산업 패권을 놓치며 '잃어버린 30년'이라는 치명적인 장기 침체를 뼈저리게 겪은 나라다. 지금 일본이 트럼프의 변덕스러운 관세 폭탄보다 더 두려워하는 것은, 탄소중립이라는 새로운 글로벌 산업 재편기에서 또다시 도태되어 영구적인 '경제 침체'의 늪에 빠지는 것이다. 따라서 트럼프의 부당한 요구에 당장 표면적으로는 고개를 숙일지언정, 장기적인 국가 경쟁력과 직결된 차

세대 산업의 핵심 엔진인 ESG와 국가적 녹색 전환(GX)만큼은 절대 끌 수 없다는 것. 이것이 일본이 치밀하게 계산기를 두드려 내린 냉정한 결론이다.

3부

이재명 정부와 AI 혁명: 100대 기업 생존 로드맵

5장

이재명 정부의 ESG 정책 방향: 코리아 프리미엄을 향하여

속도를 높이는 이재명 정부의 ESG 정책

국가, 정부 그리고 정권은 혼용되기도 하지만 엄연히 다른 말이다.

2024년 12월 3일 벌어진 친위쿠데타, 즉 내란은 역설적으로 한국이라는 '국가'와 우리 민주주의의 회복탄력성을 보여줬다. 그 결과로 국민으로부터 권력을 위임받아 정부 운영을 책임지는 정치세력인 '정권'이 교체됐다. 그리고 예정보다 일찍 치러진 22대 대통령 선거를 통해 2025년 6월 4일부터 대한민국을 새롭게 책임질 이재명 '정부'가 공식적으로 들어섰다.

ESG는 국가 차원에서도, 정부 차원에서도, 정권 차원에서도 유용한 도구다. 오늘날 우리가 직면한 환경·사회 문제의 대부분은 기업

활동과 직·간접적으로 연결되어 있다. ESG는 기업이 이윤 추구라는 본연의 목적을 달성하는 과정에서 스스로 사회적 문제를 해결하도록 유도하는 시장 친화적 시스템이다. 기업의 변화를 통해 1) 국가를 구성하는 국민 개개인은 삶의 질이 올라가니 좋고, 2) 정부는 기업의 규제나 사후 수습에 들어갈 인력과 나랏돈을 아껴 미래 성장과 국민 복지에 쓸 수 있으니 좋으며, 3) 정권은 이러한 변화가 유권자의 만족도를 높여 정권 재창출의 기반이 되니 좋다.

돌아온 민주당 정권과 더 빨라질 ESG 시계

먼저 정권 차원에서의 ESG를 이야기해보자. 길게 보면 모두에게 좋은 ESG지만, 모든 정권이 똑같은 속도로 밀어붙이는 것은 아니다. 지지층의 요구가 다르기 때문이다.

흥미로운 점은 ESG가 본래 '중도 우파'의 정책에 가깝다는 사실이다. 실제로 독일에서 전통적으로 ESG 정책을 추진해왔던 정당은 중도 좌파인 사회민주당SPD이 아닌 중도 우파 기독교민주연합CDU/CSU이었다.

ESG는 기업을 국유화하거나 강제로 뜯어고치는 사회주의적 방식이 아니다. '시장 자본주의'의 틀 안에서, '정보(공시)'와 '자본(투자)'의 흐름을 살짝 비틀어 기업을 점진적으로 개선하는 방식이다. 그래서 일부 좌파 진영에서는 ESG를 '자본주의의 면피용 수단'이나 '수정 자본주의'라며 비판하기도 한다.

하지만 한국이나 미국처럼 '승자 독식'의 양당제를 채택한 국가에서는 양상이 다르다. 대개 보수보다는 진보정권이 ESG에 훨씬 적극적이다. 과거 문재인 정부는 ESG 인프라를 구축하는 데 적극적이었던 반면, 윤석열 정부는 상대적으로 소극적이었다. 그리고 내란의 결과로 이제 다시 민주당 정권이 들어선 만큼, 한국의 ESG 시계는 지난 몇 년보다 훨씬 빠르고 강력하게 돌아갈 것이다.

이재명 정부의 ESG 정책 방향

이제 시선을 정부로 돌려보자. 트럼프의 귀환으로 '자국 우선주의'의 파도가 높지만, 세계 경제는 여전히 하나의 거대한 사슬로 묶여 있다. 한국 기업들은 해외에 공장을 짓고 물건을 팔며, 글로벌 자본은 한국 기업의 주주 명부에 이름을 올리고 있다. 하지만 아무리 글로벌화된 세상이라 해도, 한국 기업의 생사여탈권을 쥔 가장 강력한 이해관계자는 결국 '대한민국 정부'일 수밖에 없다.

특별한 변수가 없다면 트럼프 정부는 2029년 1월까지, 이재명 정부는 2030년 6월까지 이어진다. 향후 3~4년은 두 거대한 권력이 동시에 작동하는 '골든 타임'이자 '복합 위기'의 시간이다. 한국 기업들이 트럼프의 입뿐만 아니라 이재명 정부의 정책 로드맵을 현미경 보듯 들여다봐야 하는 이유다.

공약公約이 아니라 공약空約이 난무하는 시대지만, 여전히 선거 공약은 새로운 정부의 정책 방향을 가늠할 수 있는 중요한 길잡이가 된다. 일반적으로 대통령 당선인은 취임 전에 대통령직 인수위원회를 만들고, 선거 때 발표한 공약을 다듬어 향후 5년간의 국정 계획을 발표한다. 그러나 이재명 정부는 인수위 기간 없이 곧바로 임기를 시작했다. 대신 취임 직후 '국정기획위원회'를 출범시켜 숨 가쁘게 청사진을 그렸다. 그리고 2025년 8월 13일에 「국정운영 5개년 계획과 123대 국정과제」를 발표했다.

흥미로운 점은 123개 과제 목록을 아무리 훑어봐도 'ESG'라는 단어가 포함된 과제명은 하나도 없다는 사실이다. 그렇다면 이재명 정부는 ESG를 포기한 것일까? 사실은 정반대다. 이재명 정부는 ESG를 국정 철학의 밑바닥에서부터 내면화시켰다.

첫 번째 근거는 '에너지 고속도로'로 대표되는 강력한 에너지 전환 정책이다. 이는 단순한 인프라 구축을 넘어, 탄소중립과 RE100 달성을 위한 국가 차원의 환경(E) 드라이브다. 두 번째 근거는 '기본 사회' 구상이다. 소득, 주거, 금융 등 삶의 기본을 국가가 보장하겠다는 철학은 양극화 해소와 포용적 성장이라는 사회(S) 가치와 직결된다. 세 번째 근거는 '공정 시장' 확립이다. 이사의 충실 의무 대상을 주주로 확대하는 상법 개정 등은 코리아 디스카운트 해소를 위한 지배구조(G) 개혁의 핵심이다.

정부가 발표한 123대 국정과제는 그 자체로 거대한 '한국형 ESG 가이드라인'이다. 정부는 이 로드맵에 따라 어떤 기업에는 보조금과 세제 혜택이라는 '당근'을, 어떤 기업에는 강력한 규제와 제재라는 '채찍'을 들 것이다. 이 국정과제는 기업에게 단순한 참고 자료가 아니다. 정부가 가고자 하는 길을 미리 파악하고, 어디서 지원을 받고 어디서 리스크를 피할지 결정해야 하는 서바이벌 가이드맵이다. 정부의 정책에 대한 이해도를 높이는 것, 그것이 이재명 정부 5년을 맞이하는 기업의 최우선 과제다.

따라서 이 장에서는 '국정기획위원회'가 발표한 123개 국정과제 속에 담긴 이재명 정부의 ESG 정책을 자세히 살펴보려 한다.

일타강사 머스크에게 배우는 정부와 정책 활용법

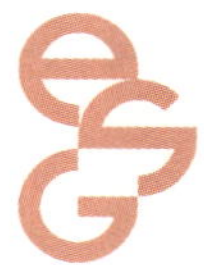

"기후변화는 사기다."라고 외친 도널드 트럼프와 "기후변화는 인류 최대의 위협이다."라고 외친 일론 머스크. 2024년 미국 대선에서 가장 기이했던 장면은 물과 기름처럼 섞일 수 없을 것 같던 두 사람의 동맹이었다. 친환경의 아이콘인 테슬라 CEO 머스크는 왜 기후부정론자인 트럼프를 대통령으로 만드는 데 약 2억 9000만 달러(약 4000억 원)의 돈과 시간, 그리고 명예까지 모든 것을 걸었을까?

일각에서는 머스크가 변했다고 말했다. 하지만 비즈니스 관점에서 보면 머스크는 조금도 변하지 않았다. 그는 언제나 '철저한 승부사'였고, 이번 선택 역시 자신의 제국을 완성하기 위한 치밀한 계산의 결과였다. 그 계산의 핵심에는 바로 '정책의 사다리'가 있었다.

테슬라를 키운 것은 8할이 '정부'

테슬라는 현재 시가총액 2000조 원 이상을 기록하는 세계 1위의 글로벌 자동차 기업이다. 하지만 초창기 테슬라는 언제 망해도 이상하지 않은 스타트업이었다. 특히 2008년 글로벌 금융위기 당시 테슬라는 파산 직전까지 몰렸다. 이때 테슬라를 지옥에서 건져 올린 동아줄은 다름 아닌 '정부'였다.

2009년 미국 에너지부DOE는 '첨단 기술 차량 제조 프로그램'을 통해 테슬라에 4억 6500만 달러(약 6000억 원)라는 거금을 대출해줬다. 이 돈 덕분에 테슬라는 모델 S를 개발하고 양산 체제를 갖출 수 있었다. 그뿐만이 아니다. 테슬라가 흑자 기업으로 전환하는 데 결정적인 역할을 한 것은 전기차 판매 수익이 아니라 '탄소 크레딧ZEV Credit' 판매였다. 캘리포니아주가 도입한 '무공해 차량 의무 판매 제도Zero Emission Vehicle Mandate, ZEV' 덕분에, 테슬라는 전기차를 만들지 못해 할당량을 채우지 못한 다른 자동차 기업들에 크레딧을 팔아 천문학적인 수익을 올렸다. 2020년 테슬라가 기록한 첫 연간 흑자의 비결도 사실상 이 크레딧을 판매한 수익인 15억 8000만 달러에 있었다. 2014년부터 2024년 9월까지 테슬라가 벌어들인 ZEV 크레딧 누적 수익은 107억 달러에 달한다. 이처럼 정부가 깔아준 보조금과 환경 규제라는 '정책의 사다리'가 없었다면, 오늘의 테슬라는 존재하지 않았을지도 모른다.

1등의 승자독식 전략: 사다리 걷어차기

2015년 1월 파리기후협정에서 머스크는 이렇게 말했다.

> "기후변화는 우리 세대가 직면한 가장 큰 도전이며, 이는 인류 문명의 생존을 위협하는 심각한 위험입니다."

그러나 2023년 12월, 이탈리아의 극우 정치 행사 '아트레유'에 참석해 머스크는 이렇게 말했다.

> "석유와 가스를 악마화하면 안 됩니다. 장기적으로 탄소 배출을 줄이는 것은 중요하지만, 단기간의 기후변화에 대한 경고는 과장된 측면이 있습니다."

머스크의 말을 보면 기후변화에 대한 그의 입장은 분명 크게 후퇴했다. 하지만 우리가 살펴야 할 것이 있다. 바로 그가 벌어들이는 돈이 어디에서 나오는가다.

머스크는 전기차 제조업체 테슬라, 현재는 테슬라의 자회사가 된 태양광 에너지 회사 솔라시티SolarCity, 우주 탐사 기업 스페이스XSpaceX, 소셜 미디어 X, 인공지능 회사 xAI 등을 운영한다. 이 가운데 독보적인 매출 1위 기업은 두말할 것도 없이 테슬라이며, 테슬라의 매출 중 90퍼센트는 전기차와 에너지 사업에서 나온다. 특히 에너지 부문 영업이익률은 26.2퍼센트를 기록해 자동차 부문을 압도한다. 머스크의 입은 변했어도, 그의 지갑은 여전히 기후변화를 가리킨다. 머스크 제국의 생존 공식은 명확하다. 기후 위기가 심각해질수록, 머스크는 더 많은 돈을 번다.

그런데 머스크는 왜 보조금을 없애려는 트럼프의 손을 잡았을까? 답은 간단하다. 테슬라는 이미 사다리를 다 올라왔기 때문이다. 이제 그가 더 많은 돈을 벌기 위해 해야 할 일은 뒤를 따라 올라오려는 경쟁자들을 떨어뜨리는 일이다.

독일의 경제학자 프리드리히 리스트Georg Friedrich List는 이를 '사다리 걷어차기'라고 불렀다. 선진국이 보호무역으로 성장한 뒤, 후발 주자가 따라오지 못하도록 자유무역을 강요하는 행태를 꼬집은 말이다. 지금 전기차 시장의 상황이 딱 그렇다. 테슬라는 이미 규모의 경제를 달성해 보조금 없이도 이익을 낸다. 반면 포드Ford, GM 등 경쟁사들은 전기차를 팔 때마다 적자를 보고 있으며, 보조금 없이는 생존이 불가능하다. 이 상황에서 트럼프가 전기차 보조금을 폐지한다면 어떻게 될까? 테슬라는 약간의 타격을 입겠지만, 경쟁자들은 시장에서 도태되거나 파산할 것이다.

머스크의 트럼프 지지는 신념의 변화가 아니다. 정부의 정책을 이용해 경쟁자를 제거하고 시장을 독식하려는, 지극히 냉정하고 고도화된 '플랫폼 독점 전략'이다.

이재명 정부의 사다리를 선점하라

머스크의 사례는 우리 기업들에게 중요한 인사이트를 준다. 기업에게 정부의 정책은 단순히 지켜야 할 '규제'나 공짜로 받는 '시혜'가 아니다. 기업의 생존과 성장을 결정짓는 '핵심 비즈니스 도구'다.

이재명 정부는 'RE100 산업단지', '녹색 공공조달', '정의로운 전환 특구' 등 강력한 ESG 및 산업 전환 정책을 예고하고 있다. 누군가는 이를 두고 "규제가 까다로워졌다."라며 불평할 것이고, 누군가는 머스크처럼 이 정책을 자신이 타고 올라갈 '사다리'로 활용할 것이다.

정부가 재생에너지 인프라를 지원할 때 그 위에 올라타 에너지 비용을 낮추는 기업, 강화된 공시 의무를 역이용해 글로벌 투자를 유치하는 기업, 정부의 AI 전환 지원책을 활용해 생산성을 혁신하는 기업만이 사다리를 타고 오를 수 있다. 그리고 훗날 시장을 장악한 뒤에는 그 사다리를 걷어찰 수 있는 위치에 오르게 될 것이다.

이제 기업들이 해야 할 일은 명확하다. 우선 정부가 어디에 사다리를 놓고 있는지 면밀히 파악하고, 다음으로는 누구보다 먼저 그 사다리에 올라타야 한다. 그것이 머스크가 보여준, 정책과 공생하며 이익을 극대화하는 '전략적 사고'의 핵심이다.

ESG 잘하는 기업에
225조 원이 풀린다

기업은 돈을 벌어야 생존한다. ESG를 하는 기업도 예외는 아니다. 아니, 기업이 ESG를 하는 이유 자체가 결국 돈을 더 잘 벌기 위해서다. 기업이 돈을 버는 공식은 한 줄로 정리할 수 있다. 매출은 높이고, 비용은 낮추는 것이다.

이재명 정부의 ESG 산업 정책도 이 기본 공식에 충실하다. ESG 잘하는 기업의 매출을 늘려주고, 기업이 ESG를 이행하는 데 드는 비용은 절감해주며, 기업이 성공할 수 있는 환경을 조성하는 데 정책 역량을 집중한다.

MISSION 1: ESG 기업의 매출을 늘려라

● 큰손 정부의 지갑을 열다: ESG 공공조달

기업의 고객은 개인(B2C), 기업(B2B), 그리고 정부(B2G)다. 이 가운데 단일 조직으로 가장 큰 구매력을 가진 '슈퍼 바이어'는 단연 정부다. 우리가 낸 세금에서 현금성 복지나 인건비를 제외하면, 정부 예산의 대부분은 기업으로부터 물품이나 서비스를 구매하는 데 쓰인다. 예를 들어 2025년 국방비 예산 약 61조 원 중 인건비 약 23조 원을 뺀 나머지는 무기, 차량, 건물, 식품 등을 기업에서 사들이는 데 지출됐다. 2024년 기준, 대한민국 전체 공공조달 시장 규모는 약 225조 원에 달한다. 2015년의 110조 원과 비교하면 10년 사이 두 배나 커진 거대한 시장이다.

이재명 정부는 이 막대한 공공조달 시장을 지렛대로 활용한다. "ESG 잘하는 기업의 물건을 우선적으로 사주고 인센티브를 주겠다."라는 것이다. 국정과제에 포함된 '국정과제 40: 녹색 공공조달 확대'와 '국정과제 81: 사회적 경제 기업의 제품/서비스 공공부문 우선구매 촉진 의무화'가 그 핵심이며, 2025년 11월 발표된 「공공조달 개혁 방안」은 이를 세부 계획을 담아 구체화했다. [표 5-1]은 이 내용을 정리한 것이다.

구분	주요 추진과제	세부 내용 및 향후 계획
탄소중립 (기후위기 대응)	친환경 제품구매 확대	⊙ 기후테크·저탄소 스타트업 발굴 및 우선 구매 ⊙ 입찰 시 저탄소·환경표지 인증 기업 신인도 평가 반영 ⊙ 최소녹색기준 적용 제품 확대 및 녹색정보 제공 강화
	공공건축물녹색전환	⊙ 탄소 감축 공공건축물 설계 검토 기준 마련 ⊙ 에너지 최적화 설계 가이드라인 마련
사회적 가치 (일자리·상생)	좋은 일자리 기업 우대	⊙ '행복한 일터', '일·생활 균형 우수기업' 입찰 가점 신설 ⊙ '가족친화인증기업' 평가 우대 범위 확대(물품, 공사 등)
	사회적경제판로 지원	⊙ 자활기업, 마을기업의 쇼핑몰 등록 우대 및 2단계 평가 우대 ⊙ 사회적기업 판로 플랫폼 '가치장터'와 '나라장터' 시스템 연계
국민 안전 (중대재해 근절)	중대재해 기업제재 강화	⊙ 중대재해 반복 발생 시 입찰 참가 자격 제한 강화 ⊙ 사망사고 발생 시 쇼핑몰 제품 판매 즉시 중지 ⊙ 건설안전 평가를 가점제에서 배점제로 전환(실질적 불이익)
	안전관리 및 비용 보장	⊙ 안전 역량 갖춘 기업만 참여하는 '제한경쟁' 신설 ⊙ 적정 계약대금 보장 및 공기 연장 시 비용 지급 의무화 ⊙ 조달청 직접 관리 사업에 '안전·품질관리 전문위원회' 신설

[표 5-1] 이재명 정부 공공조달 개혁 방안

●소비자의 선택을 돕다: 녹색인증과 보조금

정부가 개인 소비자에게 특정 제품을 사라고 강요할 수는 없다. 하지만 소비자가 '제대로 된 선택'을 하도록 도울 수는 있다. 바로 '정보 Labeling'와 '가격 개입Subsidy'을 통해서다.

상품으로 판매되는 제품에는 성분, 원산지, 유통기한 등의 정보가 표시된 라벨이 붙어 있다. 이는 소비자의 알 권리를 위해 정부가 제도적으로 강제한 것이다. 라벨 가운데 ESG와 관련된 경우가 있는데, 대표적인 것이 참치캔의 '돌고래 라벨'과 종이 제품의 'FSC 라벨'이다.

전자는 참치를 잡는 과정에서 혼획 위험이 있는 돌고래의 방생 장치를 갖춘 어선으로 참치를 잡았음을 표시하고, 후자는 지속 가능한 산림 자원을 사용해 생산된 종이를 의미한다.

이재명 정부는 '국정과제 41: 탄소중립을 위한 경제구조 개혁'의 일환으로 '녹색인증제'를 대폭 강화한다. 원료의 채취부터 제품의 폐기까지 전 과정에서 탄소를 덜 배출한 제품에 부여하는 '저탄소 제품 인증'과 '환경성적표지제도'를 고도화하여 그린워싱을 걸러내고 소비자의 알 권리를 보장한다.

하지만 소비자에게 충분한 정보를 전달했다고 해서 반드시 소비로 연결되는 것은 아니다. 구매할 제품을 선택하는 것은 어디까지나 개인의 자유다. 친환경 또는 ESG 제품이 성능이나 품질 또는 디자인 등의 이유로 선택받지 못한다면 정부도 어찌할 방법이 없다.

다만 가격이 소비자의 선택을 가로막는 경우라면 다르다. 정부는 해당 제품이 시장에서 규모의 경제와 가격 경쟁력을 갖출 때까지 '보조금'이라는 사다리를 놓아줄 수 있다. 이재명 정부는 2040년 내연기관차 신규 판매 금지를 목표로, 전기차와 수소차 구매 보조금을 지속적으로 확대하여 친환경차의 실구매가를 낮추는 정책을 추진한다.

MISSION 2: 기업의 ESG 비용을 줄여라

● 에너지 고속도로의 종착지: RE100 산업단지

한국 기업에게 RE100은 생존이 걸린 문제다. 트럼프 시대에도 해외 고객사들의 재생에너지 요구는 오히려 거세지고 있다. 하지만 한국의 현실은 암담하다. RE100을 공동 운영하는 CDP의 한국보고서에 따르면, 2023년 말 기준으로 국내 RE100 기업의 평균 재생에너지 전환율은 24퍼센트에 이르렀다. 그러나 이는 국내 사업장과 해외 사업장을 합한 수치다. 해외 사업장 재생에너지 전환율은 평균 59퍼센트에 달하며 100퍼센트를 달성한 기업도 세 곳이나 있었다. 그러나 국내 사업장의 재생에너지 전환율은 겨우 12퍼센트에 불과했다.

한국에서 재생에너지를 구하는 건 하늘의 별 따기다. 재생에너지 수요에 비해 공급이 부족하다 보니 가격도 계속해서 높아진다. 2021년 kWh당 140원대였던 재생에너지 PPA 단가는 2025년 180원을 넘어섰다. 해외에서는 재생에너지 가격이 떨어지는데, 한국만 오르는 '역주행' 중이다. 기업들은 '해야 하는데 비싸서 못 하는' 진퇴양난에 빠져 있다.

이 문제에 대한 이재명 정부의 해법은 'RE100 산업단지'다. 핵심은 '지산지소地産地消', 즉 에너지를 생산한 곳에서 바로 소비하는 것이다. 전력을 멀리 보내려면 송전선로가 필요하고 돈도 든다. 현재 대한민국 전체 전력의 40퍼센트를 쓰는 수도권은 전기가 모자라고, 지방은 송전망이 부족해 이미 만들어진 전기조차 보내지 못하는 실정이다. 이에 이재명 정부는 재생에너지가 풍부한 지방에 RE100 산단을 조성하고, 이곳에 입주하거나 AI 데이터센터를 구축하는 기업에 파격적인 세제 혜택과 규제 특례, 근로자 주거 지원을 제공하기로 했다. 기업은 싼값에 재생에너지를 얻고, 국가는 국토 균형 발전을 이루는 전략이다. 이를 위해 정부는 'RE100 산단 특별법'을 제정하여 속도를 낼 예정이다.

● 기후 리스크를 막아라: 기후 시나리오 제공

기업이 돈을 지출하는 목적은 여러 가지가 있다. 제품 생산에 투입되는 원재료를 구매하기 위해 돈을 쓰기도 하고, 직원의 급여나 건물 임대료 등 기본적인 운영을 위해 비용(OPEX)을 지출하기도 한다. 또 때로는 공장을 짓거나, 새로운 설비 또는 기계를 구매하는 등 미래를 위한 투자 목적으로 비용(CAPEX)을 지출하기도 한다. 그런데 최근에는 이러한 지출 외에도 재해로 인한 피해를 복구하기 위한 일회성 비용 지출의 빈도나 규모가 늘고 있다. 바로 기후 위기 때문이다.

이제 기후 위기는 단순한 환경 문제가 아니라 기업의 재무적 손실이 되어가고 있다. 기후변화로 입는 피해는 단순히 설비 손실이나 복구비에 한정되지 않는다. 설비가 정상화될 때까지는 공장을 돌릴 수 없고, 그동안 발생하는 매출 손실도 감당해야 한다. 2022년 태풍 '힌남노'로 포항제철소가 침수되었을 때, 제철소는 가동 49년 만에 처음으로 고로의 가동을 정지했다. 시설을 완전히 복구하는 데는 135일이 걸렸고, 직접 피해 및 복구 비용과 매출 손실액을 합한 피해 규모는 2조 원이 넘었다. 포스코에 부품을 공급하는 협력사도 2500억 원 규모의 피해를 입은 것으로 알려졌다.

과거에는 100년에 한 번 정도 일어난다고 했던 이상기후 현상이 점차 빈번하게 일어나고 있다. 이에 따라 기업들도 심화하는 기후변화 위기에 맞춰 방재설비나 매뉴얼을 고도화하고 사업 구조를 재편하는 노력을 하기 시작했다.

여기에 필요한 것이 바로 미래 기후 시나리오 정보다. 향후 어떤 지역에, 어떤 기후 현상이 발생하고, 그로 인해 예상되는 위험이 어느 정도인지 알아야 적절한 대응을 할 수 있다. 하지만 슈퍼컴퓨터가 필요한 정교한 '미래 기후 시나리오' 분석을 개별 기업이 수행하기는 불가능하다. 따라서 이재명 정부는 기업에 고해상도 미래 기후정보를 제공하고, 업종별 기후변화 대응 매뉴얼을 제작해 보급하기로 했다. 기업이 기후 리스크에 선제적으로 대응해 천문학적인 복구 비용을 쓰지 않도록 돕는 것. 이것이 바로 '스마트한 비용 절감' 지원이다.

MISSION 3: ESG 기초 체력을 키워라

●공공기관이 먼저 뛴다: ESG 경영의 마중물

2025년 기준으로 우리나라의 공공기관 수는 331개다. 한국전력과 발전자회사, 한국가스공사 등과 같은 공기업이 31개, 준정부기관이

57개, 그리고 기타공공기관이 243개다. 전체 예산은 60조 원, 임직원 수는 40만 명에 달한다.

이재명 정부는 이러한 공공기관을 ESG 확산의 '테스트 베드'로 삼기로 했다. 매년 실시하는 공공기관 경영평가에서 재무 성과 배점은 축소하고(21점 → 15.5점), 사회적 책임(ESG) 배점은 대폭 확대(16.5점 → 20.5점)했다. 특히 산재 예방 등 안전 관리 배점을 5배(0.5점 → 2.5점) 높이고, 기후변화 대응 배점도 강화했다. 공공기관이 먼저 ESG 경영을 실천하도록 강제하여 그 표준과 관행이 민간으로 확산되도록 유도하겠다는 것이다.

● 아무도 소외되지 않도록: 정의로운 전환

ESG 전환은 사회 전체에는 이익이지만, 누군가에게는 생존의 위협이 될 수 있다. 예를 들어 2040년 석탄발전소 전면 폐쇄 공약은 기후 위기 대응을 위해 반드시 가야 할 길이지만, 발전소 노동자와 지역 주민에게는 일자리 상실과 지역 경기 침체라는 재앙을 의미한다.

기술이나 산업 구조가 재편되면 노동 시장의 지형도 필연적으로 바뀐다. 기후변화에 대응하고 ESG 사회로 나아가는 과정에서 우리는 여러 가지 커다란 진통을 겪을 수밖에 없다. 더군다나 AI 기술의 급격한 발전은 지금까지와는 차원이 다른 규모의 전방위적 변화를 예고하고 있다.

거대한 전환의 파도는 늘 사회의 가장 약한 고리를 먼저 덮친다. 가장 힘이 없고 소외된 이들이 변화의 직격탄을 맞기 마련이다. 반드시 필요한 변화라 할지라도, 아무런 정책적 개입 없이 오직 시장의 논리에만 맡겨둔다면 이는 필연적으로 '기회의 불평등'을 낳는다. 이를 방치할 경우 감당해야 할 사회적 갈등 비용은 걷잡을 수 없이 불어날 것이다. 이재명 정부가 '정의로운 노동 대전환 지원'이라는 이름으로 기후 위기와 디지털 전환에 따른 피해 계층의 재취업과 업종 전환을 핵심 국정과제로 확정한 이유다.

구체적으로 '정의로운 전환 특구 지정'은 탄소중립 이행 과정에서 화석연료 산업 축소로 직격탄을 맞는 지역과 노동자를 보호하기 위한 방파제다. 정부는 석탄발전소 폐쇄 지역을 중심으로 실직자 재취업을 지원하고, 대체 산업 육성과 투자 유치를 위한 세제 혜택 및 인프라 투자를 집중적으로 제공할 예정이다.

또 '디지털 전환 지원'은 산업과 노동이 디지털·AI 시대에 도태되지 않고 경쟁력을 확보하도록 돕는 데 초점을 맞췄다. 디지털 기반 산업의 혁신을 독려하는 한편, 자동화와 디지털 전환으로 일자리를 잃을 위기에 처한 노동자들에게 필요한 재교육과 직무 재훈련 프로그램을 촘촘하게 마련할 계획이다.

기업의 본질이 이윤 창출이라면, 국가의 본질은 그 이윤 창출의 과정이 사회 전체의 파이를 키우고 지속 가능하도록 돕는 데 있다. 이재명 정부의 ESG 정책은 단순히 기업에게 선의를 강요하는 낡은 캠페인이 아니다. 정부가 확실한 구매자가 되어 시장(매출)을 열어주고, 에너지를 공급해 비용을 낮춰주며, 전환의 과정에서 누구도 쓰러지지 않도록 사회적 안전망을 까는 치밀한 '산업 육성 전략'이다.

코스피 5000 시대와
K-ESG공시 의무화

코스피 5000 시대가 열렸다. 이재명 정부 출범 233일 만인 2026년 1월 22일, 코스피 지수가 사상 최초로 5000포인트를 돌파했다. '코리아 프리미엄'을 실현하겠다는 정부의 비전이 시장의 화답을 얻은 것이다. 증시가 뜨겁게 달아오르자 코로나 팬데믹 이후 시장을 떠났던 '개미'들도 돌아왔다. 금융투자협회에 따르면, 1월 말 기준으로 빚을 내서 주식에 투자하는 신용거래융자 잔고는 무려 19조 8549억 원에 달하는 것으로 나타났다.

너도나도 돈을 벌기 위해 시장에 뛰어들고 있다. 하지만 이 축포가 샴페인을 너무 일찍 터뜨린 '백일몽'이 되지 않으려면 냉정한 점검이 필요하다. 주식 시장은 결국 '신뢰'를 먹고 산다. 불공정한 '작전'이 판치고, 기업 정보가 '깜깜이'인 시장에서는 코스피 5000은 사상누각일 뿐이다. 정부가 내건 '국민이 믿고 투자하는 자본 시장'이라는 목표를 달성하기 위한 두 가지 핵심 키워드는 바로 '공정'과 '공시'다.

기울어진 운동장을 평평하게: 불공정거래 엄단

세상 어디나 범죄는 있다. 하지만 대한민국 자본시장은 유독 범죄에 관대했다. 주가 조작 의혹이 불거져도 제대로 된 수사가 이뤄지지 않거나 솜방망이 처벌에 그치는 모습을 보며, 투자자들은 "개미만 털리는 기울어진 운동장"이라고 분통을 터뜨렸다.

시장에 대한 불신은 '코리아 디스카운트'의 주범이자, ESG 기업으로 흘러가야 할 건전한 자금줄을 막는 걸림돌이다. 그래서 이재명 정부는 '불공정거래와의 전쟁'을 선포했다. 핵심은 '무관용 원칙'이다. 미공개 정보를 이용하거나 시세를 조종하는 불공정거래가 적발되면 해당 행위자를 시장에서 영구히 퇴출하는 '원스트라이크 아웃' 제도를 도입한다. 또한 금융회사 임직원의 불공정거래에 대해서는 가중 처벌을 적용하여 도덕적 해이를 뿌리 뽑겠다는 의지를 천명했다.

깜깜이 투자는 그만: ESG 공시 인프라 고도화

본래 ESG는 투자자들의 용어였다. 기업의 지속 가능성을 평가해

장기적으로 안정적인 수익을 얻기 위해 만들어진 지표다. 그러므로 공시를 통해 제공되는 정확한 정보가 없으면 ESG 투자는 성립될 수 없다. 하지만 시장에는 정보의 비대칭이 만연하다. 정보력을 쥔 기관과 외국인에 비해 개인 투자자는 늘 한발 늦은 '찌라시'에 의존해야 했다.

이 불균형을 해소하기 위한 장치가 바로 '의무 공시 제도'다. 투자 결과에 대한 책임은 본인에게 있지만, 투자 판단에 필요한 최소한의 정보는 누구나 평등하게 볼 수 있어야 한다는 취지다. 과거에는 그 '최소한'이 재무제표였다면, 기후 위기 시대인 지금은 지속 가능성 정보가 필수 투자 정보가 되었다.

국내에서도 ESG 공시 의무화 요구는 오래전부터 있었다. 2010년 18대 국회에서 민주당 박선숙 의원이 처음으로 자본시장법 개정안을 발의했다. 이후 매 국회마다 2~3건 정도의 개정안이 여야 의원들에 의해 발의되었고, 현 22대 국회에도 4건의 법안이 발의돼 있다. 그렇지만 그동안 ESG 공시 의무화는 시기상조라는 기업의 반발과 정부의 눈치 보기 속에 차일피일 미뤄져 왔다. 문재인 정부가 예고했던 2025년 도입안은 윤석열 정부 들어 로드맵조차 확정되지 못한 채 표류했다.

이재명 정부는 '국정과제 46: 진짜 성장을 뒷받침하는 생산적 금융'을 통해 이 불확실성을 걷어냈다. 국제 기준IFRS에 부합하면서도 국내 산업 현실을 반영한 'K-ESG 공시 기준'을 확립하고, 대상 기업과 도입 시기를 명확히 한 로드맵을 확정해 시장의 예측 가능성을 높일 계획이다.

숫자로 확인하는 안전과 평등: 사회(S) 공시의 도입

공시의 영역은 환경(E)을 넘어 사회(S)로 확장된다. 특히 '안전'은 소년공 시절 산재를 겪은 이재명 대통령의 철학이 투영된 핵심 의제다. 정부는 '국정과제 75: 일하는 모든 사람이 건강하고 안전한 나라'의 일환으로 대규모 사업장부터 '안전보건공시제'를 단계적으로 도입한다. 기업의 안전 성적표를 투명하게 공개해 산재 예방을 유도하고, 투자자에게는 리스크 정보를 제공하겠다는 것이다. 아울러 '국정과제 97: 기회와 권리가 보장되는 성평등 사회'를 통해 '고용평등 임금공시제'를 도입하여 성별 임금 격차 해소와 다양성 확보를 위한 기업의 노력을 시장의 평가대에 올릴 예정이다.

코스피 5000 시대의 안착은 지수의 숫자가 아니라 시장의 투명성에 달렸다. 공정한 룰과 투명한 공시. 이 두 가지 기둥이 바로 세워질 때 자본 시장은 비로소 국민의 신뢰를 얻는 '국민 자산 증식의 장'이 될 것이다.

상법 개정과
스튜어드십 코드 강화

바둑에 '대마불사大馬不死'라는 말이 있다. 아무리 위태로운 돌이라도 덩치가 크면 쉽게 잡히지 않는다는 뜻이다. 영어에도 이와 유사한 'Too Big to Fail'이라는 말이 있다. 망하게 두기엔 덩치나 여파가 너무 커서 국민의 세금으로 살려낼 수밖에 없는 부실기업이나 은행을 일컫는다.

대마불사는 필연적으로 '도덕적 해이'를 부른다. 우리는 1997년 IMF 외환위기 때 이 논리로 기업들의 빚잔치를 대신 갚아준 쓰라린 기억이 있다. 2008년 글로벌 금융위기 때 월 스트리트는 국민의 혈세로 구제금융을 받는 와중에도 보너스 잔치를 벌여 '월 스트리트를 점령하라' 시위를 촉발했다.

기업과 금융기관은 천문학적 규모의 돈을 가지고 있다. 그런데 냉정하게 따져보면 재벌 총수가 가진 지분은 그룹 전체로 보면 쥐꼬리만 하다. 은행의 자기자본비율BIS도 고작 10퍼센트 남짓이다. 기업과 금융기관이 굴리는 돈은 대부분 주주가 투자한 돈, 예금자가 은행에 맡긴 예금, 연금 가입자가 넣은 노후 자금, 즉 남의 돈이다.

그렇다면 기업과 금융기관은 누구를 위해 일해야 할까? 당연히 돈의 진짜 주인인 주주, 예금자, 가입자다. 하지만 지금까지 대한민국 자본 시장은 '진짜 주인'보다 '대리인(총수와 경영진)'의 이익을 더 챙겨왔다.

3단계 상법개정: 이사는 '주주 전체'를 위해 일하라

우리나라에서 삼성전자 주주는 500만 명이 넘는다. 기업의 주인은 주주지만, 500만 명이 모두 기업 경영에 직접 참여할 수는 없다. 그래서 주주는 기업의 실무적인 경영을 경영진에게 위임하고, 경영진이 자기 자신이 아닌 회사의 이익을 위해 일하는지 관리·감독할 이사를 선출한다. 이것이 주주자본주의 시스템이다.

그러나 한국에서 주주자본주의는 조금 다른 방식으로 작동해왔다. 이사는 법적으로 주주가 주주총회를 통해 선출하는 것이 맞다. 그러나 한국 상장사는 대부분 지배주주(총수)가 주주총회 안건 통과에 필

요한 의결권을 사실상 장악하고 있다. 즉 "주주가 이사를 뽑는다."라
는 말은 형식적 진실에 부합하지만, "지배주주가 이사를 임명한다."
가 실제적 진실에 더 부합한다. 그래서 이사는 주주 전체보다는, 자신
의 선출과 연임 및 보수를 결정하는 지배주주의 편을 들어왔다.

여기에 쐐기를 박은 것은 법원의 해석이다. 상법 제382조 3항은 이
사의 충실의무에 관해 다음과 같이 규정한다.

> 이사는 법령과 정관의 규정에 따라 회사를 위하여 그 직무를 충실하
> 게 수행하여야 한다.

이에 관해 법원은 이사가 '회사의 이익'에 충실해야 하지만, '주주
전체의 이익'을 위해서는 별도의 의무를 부담하지 않는다고 해석해
왔다. 이사의 결정이 회사에 손해를 끼치지만 않는다면, 지배주주의
이익을 우선하고 나머지 주주의 이익을 외면해도 아무런 법적 책임
을 지지 않았다.

이재명 정부는 이러한 부조리를 끝내기 위해 '상법 개정 3단계 로
드맵'을 가동했다.

● 1단계(2025년 7월 통과)

1차 상법 개정안으로 이사의 충실 의무 대상을 '회사'에서 '회사 및
주주'로 확대했다.• 이제 이사가 총수의 이익을 위해 나머지 주주에

게 피해를 주면 처벌받는다.

● 2단계(2025년 8월 통과)

2차 상법 개정안에서는 소수주주의 이사 선임 영향력 강화와 감사위원 독립성 제고를 목적으로 삼았다. 자산 2조 원 이상 대규모 상장사의 집중투표제[**] 배제 금지와 감사위원 분리 선출 확대를 담고 있다. 국회 통과 후 1년이 지난 시점인 2026년 8월부터 시행된다.

● 3단계(2026년 3월 국무회의 통과)

3차 상법 개정안에서는 기업의 '자사주 소각 의무화'를 추진한다. 회삿돈으로 산 자사주가 총수의 지배력 방어 수단으로 악용되는 것을 막고, 주주 환원이라는 본래 목적에 쓰이도록 강제한다.

● 제382조의3(이사의 충실의무 등)
① 이사는 법령과 정관의 규정에 따라 회사 및 주주를 위하여 그 직무를 충실하게 수행하여야 한다.
② 이사는 그 직무를 수행함에 있어 총주주의 이익을 보호하여야 하고, 전체 주주의 이익을 공평하게 대우하여야 한다.
●● 2인 이상의 이사를 선임할 때, 선임하고자 하는 이사의 수만큼의 의결권을 1주식의 주주에게 부여하는 제도다. 1주 1의결권의 원칙대로라면 대주주는 자신의 의도대로 이사진을 구성하기 쉬워진다. 집중투표제는 이처럼 이사 모두가 대주주에 의해 독점 선임되는 것을 견제하는 방법이다. 대주주가 가진 의결권이 여러 후보에게 분산되면, 소수주주는 자신이 원하는 사람에게만 표를 집중시킴으로써 당선 가능성을 키울 수 있게 된다.

여기에 더해, 쪼개기 상장이나 불공정 합병 시 일반 주주에게 신주 인수권을 주거나 주식을 사주는 '의무 공개 매수' 제도를 도입함으로써 개미들이 눈 뜨고 코 베이는 일을 원천 봉쇄하겠다는 계획도 밝혔다.

스튜어드십 코드 내실화: 집사는 주인을 위해 '제대로' 일하라

내가 직접 주식을 사지 않아도 내 돈은 이미 주식 시장에 들어가 있다. 바로 국민연금 때문이다. 연금은 돈을 받았다가 나중에 다시 가입자에게 돌려줘야 하는데, 돈을 금고에 가만히 넣어두면 가치가 떨어지기 때문에 주식, 채권, 대체자산 등에 투자하여 돈을 불린다. 이렇듯 남의 돈을 받아서 굴리는 연기금, 보험사, 자산운용사 등을 기관투자자라고 부른다.

이 관계에서 우리는 돈을 맡겼으니 '위탁자'가 되고, 기관은 우리에게 돈을 받았으니 '수탁자'가 된다. 수탁자는 돈을 맡긴 위탁자의 이익을 가장 우선해야 할 의무가 있다. 이를 기관투자자의 '수탁자 책무'라고 한다. 영어권에서는 '스튜어드십Stewardship'이라 이르는데, 중세 시대에 집사가 주인의 재산을 대신 관리했던 데서 유래했다.

2008년 전 세계 사람들을 고통으로 몰아넣은 글로벌 금융위기는 바로 이 집사들이 '수탁자 책무'를 저버렸기 때문에 발생했다. 당시 미국 월 스트리트의 금융인들은 자신이 투자하는 자산이 얼마나 위험한지 알면서도, 혹은 알려고 하지도 않고 무분별한 투자를 감행했다. 고객 자산의 안전보다 자기 몫의 단기 인센티브가 더 중요했기 때문이다. 결국 주택 버블이 터지면서 4대 투자은행인 리먼 브라더스가 파산했고, 전 세계 자금줄이 말라붙으며 대침체가 닥쳤다. 당시 세계 경제가 입은 직접적인 피해만 2조 달러(약 2960조 원) 이상으로 추산된다.

이후 이런 배신이 다시 일어나지 않도록 만들어진 강력한 행동 강령이 바로 '스튜어드십 코드Stewardship Code', 즉 '수탁자 책임 원칙'이다. 핵심은 '적극적 주주권 행사'다. 고객의 돈을 대리하는 투자자로서 단순히 주식만 사고팔 게 아니라, 투자 대상 회사가 돈을 잘 벌도록 감시하여 중장기적 가치를 높이라는 것이다.

스튜어드십 코드는 2010년 영국에서 처음 시작됐고, 우리나라는 2016년 12월에 도입했다. 2025년 기준 약 240여 개 금융기관이 참여하고 있다. 하지만 그동안 한국의 스튜어드십 코드는 '무늬만 집사'라는 비판을 받아왔다. 가입한 기관 수는 늘었지만, 정작 주주총회에서 거수기 역할만 하거나 주주권을 제대로 행사하지 않는 경우가 많았기 때문이다.

이재명 정부는 스튜어드십 코드의 내실을 다지는 데 초점을 맞췄다. '국정과제 47: 코리아 프리미엄을 향한 자본 시장 혁신'의 세부 내용으로 '스튜어드십 코드 이행 여부 점검 및 공시 강화'를 못 박았다. 단순히 가입 도장만 찍는 게 아니라 실제로 주주권을 행사했는지 꼼

꼼히 점검하고 그 결과를 공개하도록 강제하겠다는 것이다. 아울러 수탁자 책임의 범위를 기존의 지배구조(G) 중심에서 환경(E)과 사회(S)까지 대폭 확대한다. 기후 리스크나 안전 문제로 기업 가치가 떨어질 조짐이 보이면, 기관투자자가 먼저 나서서 경영진에게 "주인의 돈을 지키기 위해 똑바로 경영하라."라고 요구하라는 뜻이다.

국민연금의 강화된 투자 기준: 산업 안전과 기후 위기 대응

스튜어드십 코드 내실화와 관련해 시장의 눈은 '국민연금'에 쏠려 있다. 국민연금은 약 1470조 원을 굴리는 세계 3대 연기금이다. 한국 자본 시장에서 국민연금이 움직인다는 것은 곧 시장의 물줄기가 바뀐다는 것을 의미한다.

국민연금은 이미 2018년에 「국민연금기금 수탁자 책임에 관한 원칙(스튜어드십코드)」을 도입했고, 2021년에는 탈석탄 금융을 선언했다. 이어 2023년에는 적극적 주주 활동의 타깃이 되는 '중점 관리 사안'에 기존의 지배구조 외에 기후변화와 산업 안전을 추가하며 전선을 넓혔다.

이재명 정부 출범 이후 국민연금은 특히 '산업 안전' 분야에서 칼을 빼 들었다. 2025년 11월, 국민연금 기금운용위원회는 '산업 안전 관련 수탁자 책임 강화'를 공식 선언했다. 핵심은 중대재해 리스크를 투자 결정에 직접 반영하도록 ESG 평가 체계를 뜯어고치는 것이다. 과거에는 산재가 많이 발생한 사업장만 소극적으로 감점했지만, 이제는 기준이 훨씬 엄격해졌다. ▲연간 사망자 2명 이상 발생, ▲중대 산업 사고 발생, ▲산업재해 은폐 시도 등이 적발되면 가차 없이 페널티를 부과한다. 사람이 죽어나가는 공장에는 국민의 노후 자금을 투자하지 않겠다는 뜻이다.

이재명 대통령의 공약인 '세이 온 클라이밋**Say on Climate**' 도입도 주목할 필요가 있다. 이는 주주들이 기업의 기후 위기 대응 계획이나 넷제로 목표 이행 현황을 직접 평가하고, 주주총회에서 찬반 투표하는 제도다.

이처럼 국민연금이 앞장서서 기업에 "구체적인 탄소중립 계획을 내놓으라.", "산업 안전 대책을 강구하라."라고 요구하기 시작하면 한국 기업들의 ESG 시계는 그 어느 때보다 빨리 돌아가게 될 것이다.

기후에는 국경이 없지만,
경쟁력에는 국경이 있다

'ESG'라는 단어가 등장하기 전에도 환경 규제는 있었다. 노동이나 안전 제도 역시 경제 성장과 시민 의식의 발전에 발맞춰 꾸준히 강화됐다. 하지만 우리가 지금 말하는 'ESG 제도'는 차원이 다르다. 이것은 개별적인 환경 오염이나 안전사고를 막는 수준을 넘어, 정보와 자본의 흐름을 통제하는 거대한 금융 시스템에 가깝다.

엄밀히 말해 기후변화는 ESG 중 '환경(E)'에 속하는 하나의 세부 주제다. 하지만 이를 단순히 하위 항목으로 취급하기엔 그 파급력이 너무나 막강하다. 최근 ESG 제도가 급물살을 탄 결정적 방아쇠가 바로 기후변화였으며, 기후 리스크가 금융 시장 전체를 흔들 수 있다는 위기감이 전 세계적인 공시 의무화를 불러왔기 때문이다.

이재명 정부가 출범 후 맞이한 2026년은 대한민국의 중장기 기후 변화 정책이 결정되는 운명의 해다. 정권이 바뀌면 정책도 바뀌기 마련이지만, 이번 기후 정책의 변화 폭은 과거 그 어느 때보다 클 것이다. 이번에 마련하는 법과 정책이 향후 기후변화에 대응하는 대한민국의 국가경쟁력을 크게 좌우할 것이기 때문이다.

탄소중립기본법 개정

대한민국 기후 정책의 뼈대는 '탄소중립기본법'이다. 여기서 제7조는 "2050년 탄소중립을 목표로 한다."라고 선언하고 있으며, 제8조에서는 중간 목표로 "2030년까지 2018년 배출량 대비 35퍼센트 이상 감축."을 명시하고 있다.

그런데 2024년 8월 29일, 헌법재판소는 역사적인 판결을 내렸다. 정부가 정한 감축 목표가 헌법에 합치되지 않는다는 '헌법불합치' 결정이었다. 2020년부터 제기된 청소년·아기 기후소송의 결과였다. 헌재는 "2031년부터 2049년까지의 구체적인 감축 경로가 빠져 있어 미래 세대에게 과도한 부담을 떠넘긴다."라며, 이는 국민의 기본권을 침해하는 것이라고 판시했다. 그리고 2026년 2월 28일까지 법을 뜯어고치라고 명령했다.

이에 따라 이재명 정부는 2030년 이후의 감축 경로를 구체화하고,

미래 세대의 권리를 보장하는 장기 로드맵을 수립해야 한다. 이미 국회에서는 박지혜, 윤준병 의원 등을 중심으로 개정안이 발의되었으며, 정부안과 병합되어 더욱 강력한 감축 의무를 담은 법 개정이 이루어질 전망이다.

국가온실가스감축목표 확정

기후변화는 국경이 없다. 그래서 국제사회는 유엔기후변화협약이라는 룰 안에서 움직인다. 2015년 채택한 파리협정에 따라 모든 회원국은 5년마다 스스로 정한 온실가스 감축 목표인 국가온실가스감축목표NDC를 유엔에 제출해야 한다. 여기에는 중요한 원칙이 있다. 새로운 목표는 반드시 이전 목표보다 상향된 수치여야 한다는 '진전의 원칙'이다.

2026년은 파리협정 이행 5년 차가 되는 해이자, 2035년 목표를 확정해야 하는 시점이다. 당초 유엔은 2025년 2월까지 제출을 권고했으나, 대다수 국가의 준비 부족으로 시한은 30차 당사국 총회가 열리는 2025년 11월로 연장되었다. 당사국 총회가 열린 브라질에서 이재명 정부는 대한민국의 새로운 약속을 내놓았다. 여섯 차례의 치열한 공청회 끝에 확정된 2035년 NDC는 '2018년 대비 53퍼센트 또는 61퍼센트 감축'이라는 목표를 담고 있다.

12차 전력수급기본계획 수립

우리나라는 전력을 생산하는 과정에서 가장 많은 온실가스를 배출한다. 즉 탄소중립의 성패는 결국 '전기'를 어떻게 만드느냐에 달려 있다. 특히 AI 시대의 도래로 전력 수요가 폭증하는 상황에서 '전력 부문의 탈탄소화'는 더 이상 미룰 수 없는 과제다.

국가 전력 정책의 최상위 계획인 '전력수급기본계획'은 2년마다 수립된다. 여기에는 앞으로 15년간의 전력 수요를 예측하고, 이에 대응하기 위한 공급전략이 담겨 있다. 1982년에 첫 번째 계획이 수립되었고, 제11차 계획은 당초 일정보다 1년 늦어진 2025년에 발표되었다. 이재명 정부는 곧이어 '제12차 전력수급기본계획' 수립에 착수해 2026년 내에 확정할 예정이다.

이번 12차 계획은 과거와 결이 다르다. 단순히 전기를 안정적으로 공급하는 것을 넘어, 앞서 상향된 2035 NDC 목표를 달성하기 위한 구체적인 실행 계획이 담긴다. 이재명 정부의 공약인 '2040년 석탄 발전소 전면 폐쇄'와 '2030년 재생에너지 100GW 보급'이 핵심이다. 또 RE100 이행이 시급한 기업들을 위해 재생에너지 발전 비중을 획기적으로 늘리는 방안이 포함될 것이며, 논란이 되는 신규 원전 도입 여부에 대해서도 최종적인 결론이 내려질 것이다.

탄소중립산업법 제정

　기후 위기를 해결할 열쇠는 사실 '기업'이 쥐고 있다. 온실가스를 줄이는 주체도, 기후 테크를 개발해 신시장을 여는 주체도 기업이기 때문이다.

　탄소중립을 달성하기 위해서는 재생에너지, 에너지저장장치, 탄소 포집 및 저장, 저탄소 철강이나 시멘트 등 무수히 많은 기술과 이를 반영한 제품이 필요하다. 하지만 기술 개발과 상용화에는 막대한 시간과 비용이 든다. 상용화 단계에 진입한 기술도 아직 시장 규모가 크지 않아 제품을 팔아서 돈을 벌기는 어려운 경우도 많다. 정부 차원의 지원이 필요한 이유다.

　이미 선진국은 발 빠르게 움직이고 있다. EU는 '탄소중립산업법 NZIA'을, 미국은 '인플레이션감축법'을 제정하여 자국 기후 산업에 천문학적인 보조금을 쏟아붓고 있다. 물론 트럼프 정부 출범 이후 전기차 보조금 폐지 등 인플레이션감축법의 일부 조항이 약화되기는 했지만, 여전히 대부분의 지원은 지속되고 있다. 이것은 단순히 환경보호가 아니라, 미래 산업의 주도권을 쥐기 위한 치열한 '산업 전쟁'이기 때문이다.

　이재명 정부 역시 한국형 '탄소중립산업법' 제정을 서두르고 있다. 기업의 저탄소 공정 전환을 돕고, 수소·이차전지·CCUS 등 기후 테크 기업에 세제 혜택과 금융 지원을 몰아주는 것이 골자다. 기후 대응

역량이 곧 국가 경쟁력이 되는 시대에 대한민국 산업의 경쟁력을 하루라도 빨리 확보하기 위해서다.

2026년 정부가 직면한 이 네 가지 정책 과제는 단순한 환경보호 선언이 아니다. 탄소 배출을 줄이는 국가만이 글로벌 자본을 유치하고, 재생에너지로 무장한 기업만이 수출 공급망에서 살아남는다. 기후 위기라는 전 지구적 재난 앞에서는 국경이 없지만, 그 위기를 돌파해 내는 산업 경쟁력과 자본의 이동에는 분명하고도 가혹한 국경이 존재한다. 머뭇거릴 시간이 없다. 기후 대응이 곧 국가의 부를 결정짓는 시대가 이미 우리 앞에 당도했다.

6장

낙오할 것인가, 앞서 나갈 것인가: AI와 ESG의 트윈 트랜스포메이션

AI 전환에 거는 이재명 정부의 승부수

세상이 바뀌고 있다. 아니, 이미 바뀌었다. 궁금한 것이 생기면 검색창에 키워드를 넣고 수십 개의 링크를 뒤지던 모습은 이제 구시대의 유물이 되어가고 있다. 대신 우리는 ChatGPT나 제미나이에게 프롬프트를 통해 대화를 시도하며, 질문을 던지고 지시를 내린다.

인간이 던지는 질문에 AI는 인간과 비교할 수 없을 정도로 빠르고 정확한 답을 내놓는다. 과거의 기술 변화가 육체의 노동을 기계로 대체하는 것이었다면, 지금의 AI 혁명은 인간의 고유한 영역이라 믿었던 지적 노동과 창작의 영역까지 파고들고 있다. 누군가는 이 변화를 보며 유토피아를 꿈꾸고, 누군가는 자신의 자리가 사라질까 두려움에 떤다.

분명한 것은 이 거대한 파도를 거부할 수도, 되돌릴 수도 없다는 사실이다. 이제 우리는 AI라는 새로운 지성을 파트너로 삼아 공존하는 법을 배워야 한다. 그것이 개인에게도, 기업에게도, 그리고 국가에게도 생존을 위한 유일한 길이다.

'AI 전환'이라는 새로운 생태계의 적자생존

역사를 돌이켜보면 기술이 문명의 질서를 바꿀 때마다 세계의 권력 지도가 다시 그려졌다. 15세기 구텐베르크의 금속활자는 정보 독점을 깨뜨려 종교개혁과 시민 혁명의 불씨가 되었고, 문명의 중심추를 동양에서 서양으로 옮겨놓았다. 18세기의 증기기관은 영국을 '해가 지지 않는 나라'로 만들었으며, 20세기의 인터넷 혁명은 미국이 디지털 패권국으로 군림하게 된 강력한 버팀목이었다.

21세기는 과연 무엇이 권력 이동의 스위치가 될까? 두말할 것도 없이 AI다. 즉 AI를 지배하는 자가 세계의 표준과 부를 지배하게 될 것이다. 골드만삭스는 AI가 향후 10년간 전 세계 GDP를 7퍼센트나 끌어올릴 것이라 전망했다. 약 7조 달러, 우리 돈으로 1경 원에 달하는 엄청난 부가가치가 창출된다는 뜻이다.

하지만 명심해야 할 것이 있다. 이 과실은 결코 공평하게 분배되지 않을 것이라는 점이다. 장밋빛 전망의 이면에는 서늘한 경고가 숨어 있다. AI 전환_{AI Transformation, AX}에 성공한 소수의 국가와 기업만이 부를 독식하고, 실패한 나머지는 도태될 것이라는 냉혹한 현실이다.

이미 기업에게 AX는 '선택'이 아닌 '생존'의 문제다. 아마존은 AI 예측 배송과 75만 대의 로봇 '타이탄'으로 물류 비용을 20퍼센트나 절감했다. 마이크로소프트는 AI 코딩 비서 '코파일럿'으로 개발 속도를 55퍼센트나 높였고, GE는 AI 디지털 트윈으로 항공 엔진의 생산성을 10퍼센트 이상 개선했다. 이미 주식 시장은 AI 반도체를 확보했는지, 독자적인 거대언어모델_{LLM}을 가졌는지에 따라 기업의 가치를 매기고 있다.

하지만 개별 기업이 이 새로운 생태계에 완벽히 적응하기란 쉬운 일이 아니다. AI는 '돈'뿐만 아니라 막대한 '전기'와 '데이터'를 먹고 자라기 때문이다. 개별 기업이 발전소를 짓고 국가 데이터를 마음대로 쓸 수는 없다. 그래서 지금 시점에는 그 어느 때보다 '국가의 역할'이 중요하다.

이재명 정부의 승부수: AI 국가 행동계획

이재명 대통령은 취임 일성으로 AI 전환을 '국가의 명운을 건 핵심 과제'로 규정했다. 실제로 정부 출범 직후 대통령 직속 '국가인공지능전략위원회'를 신설하여 범정부 차원의 AI 전환 로드맵 수립 작업에 착수했고, 2025년 12월 「AI 전환 국가 행동계획」을 전격 발표했다.

2026년 한 해에만 무려 9.9조 원의 예산을 쏟아붓는, 건국 이래 최대 규모의 디지털 뉴딜이다. 또 2026년 1월에는 AI 산업의 헌법이라 할 수 있는 '인공지능기본법'이 국회를 통과해 곧바로 시행에 들어갔다.

이재명 정부의 AI 전략은 크게 세 가지 축으로 요약된다.

●인프라: 컴퓨팅 주권 확보

AI 역량도 결국 설비와 장비에서 비롯된다. 정부는 2028년까지 최첨단 GPU 5만 장 이상을 확보하고, 민관 합작으로 2조 원 규모의 '국가 AI 컴퓨팅 센터'를 구축하겠다고 발표했다. 자본력이 부족한 중소·벤처기업도 슈퍼컴퓨터를 마음껏 쓰게 해주고, 한국이 잘하는 제조업·방산에 AI를 도입하여 '피지컬 AI' 강국으로 도약하겠다는 전략이다.

●규율: AI 거버넌스 확립

2026년 1월 시행된 인공지능 발전과 신뢰 기반 조성 등에 관한 기본법, 즉 인공지능기본법을 토대로 국가 AI 정책의 컨트롤타워인 '국가인공지능전략위원회'의 설립 근거를 명문화했고, 3년 단위의 기본계획 수립을 의무화하여 국가 AI 정책이 일관성 있게 추진될 수 있도록 했다. 특히 주목할 점은 '신뢰'와 '안전'을 거버넌스의 핵심 가치로 둔 것이다. 생명과 안전에 직결된 '고영향 AI'에 대한 고지 의무를 법

제화하고, 'AI 안전연구소'를 설립하여 기술 폭주를 제어할 수 있는 법적 안전장치를 마련했다.

●분배: 포용적 AI 사회

이재명 정부의 철학인 '기본 사회'를 AI에도 적용했다. AI가 일자리를 뺏는 적이 아니라 인간을 돕는 도구가 되도록 전 국민 AI 교육을 실시하기로 했다. 또 'K-AI 특화 시범도시'를 조성하여 지방에서도 AI 혜택을 누리게 하고, 행정 서비스에 AI를 전면 도입해 국민이 체감하는 변화를 만들겠다는 구상이다.

AI와 ESG의 트윈 트랜스포메이션

지금 우리는 두 개의 거대한 시대적 전환 앞에 서 있다. 하나는 'AI 전환'이고, 다른 하나는 기후 위기에 대응하는 'ESG 전환'이다. 언뜻 보면 별개인 것 같은 이 두 흐름은 사실 동전의 양면이다.

AI는 ESG의 목표를 달성시켜줄 가장 강력한 '엔진'이다. 인간의 머리로는 아주 오랜 시간과 수고가 필요한 에너지 소비 최적화, 공급망 인권 리스크 감시, 복잡한 탄소 배출량 산정을 AI는 순식간에 해낸다. 반대로 ESG는 AI가 폭주하지 않도록 잡아주는 '핸들'이다. AI가 먹어치우는 막대한 전기를 어떻게 무탄소로 공급할지(E), 알고리즘의 편향이나 일자리 침해 문제를 어떻게 해결할지(S), AI 도입 과정을 얼마나 투명하게 공개할지(G)를 결정하는 기준이 되기 때문이다.

다가오는 시대에 기업의 경쟁력은 단순히 '얼마나 똑똑한 AI를 가졌는가'로 결정되지 않는다. AI와 ESG의 트윈 트랜스포메이션Twin Transformation, 즉 "AI라는 도구로 얼마나 지속 가능한 가치를 만들어내는가?"라는 질문에 답할 수 있는 기업만이 살아남을 것이다. 기술이 사회를 살리고 그 사회가 다시 기술을 키우는 선순환. 이것이 이재명 정부가 그리는 AI와 ESG 결합의 본질이자, 기업들이 반드시 올라타야 할 미래다.

전기 먹는 하마, AI: 폭증하는 데이터센터 전력수요에 대응하라

테슬라의 일론 머스크는 인류가 마주한 가장 거대한 병목으로 '전력'을 지목했다. 그는 "작년엔 칩이 부족했다면, 내년엔 전력과 변압기가 AI의 목덜미를 잡을 것"이라며, 바야흐로 '전력이 곧 권력'이 되는 시대가 왔음을 선언했다.

전기 먹는 하마, AI 데이터센터

AI는 공짜가 아니다. 우리가 ChatGPT에 던지는 질문 하나, 생성형 AI가 그려내는 그림 한 장 뒤에는 천문학적인 전력이 녹아 있다. 최근 글로벌 데이터센터의 전력 수요는 폭발적으로 늘고 있다. JP모건의 분석에 따르면, 차세대 AI 칩인 엔비디아 '루빈Rubin' GPU 랙 하나가 소비하는 전력은 최대 250kW에 달할 전망이다. 이는 일반 가정 수백 곳이 동시에 쓰는 전력량과 맞먹는 수치다.

문제는 데이터센터가 블랙홀처럼 전기를 빨아들이면서, 그 부담이 고스란히 시민들에게 전가되고 있다는 점이다. 데이터센터가 국가 전력의 20퍼센트 이상을 쓰는 아일랜드는 최근 몇 년 새 전기요금이 2배 가까이 폭등했다. 미국 역시 2010년 이후 주택용 전기 요금이 40퍼센트 이상 올랐다. 특히 피크 타임 전력 요금이 평소의 수백 배로 널뛰면서 서민들의 생존을 위한 냉난방권조차 위협받는 실정이다. 이 때문에 최근 치솟는 전기요금에 분노한 주민들이 신규 데이터센터의 설립을 막아서는 일도 빈번하게 일어나고 있다.

더 큰 재앙은 기후 위기의 가속화다. AI 혁명을 이끄는 빅테크 기업들이 과거 자신만만하게 했던 '넷제로' 약속과는 달리, 이들의 온실가스 배출량은 오히려 늘어나고 있다. 2030년 넷제로를 선언했던 구글의 2024년 배출량은 2019년 대비 51퍼센트나 급증했다. 메타 역시 2023년 배출량이 전년 대비 66퍼센트 폭증했고, 마이크로소프트 또한 2020년 이후 30퍼센트 이상 늘었다. AI 연산 폭증으로 데이터센터가 전기를 집어삼키고, 반도체 생산 공급망에서 탄소가 뿜어져 나온 탓이다.

데이터센터는 이제 지식의 창고가 아니라 에너지를 태우는 용광로

이자 기후 위기의 새로운 뇌관이다. 정부는 AI로 에너지 효율을 높이겠다는 청사진을 내밀지만, 현실은 AI를 돌리기 위해 화석연료 발전소를 더 돌려야 하는 모순에 빠져 있다.

답은 무탄소 에너지

주민들의 분노가 임계점을 넘자 정치권도 움직였다. 미국 일부 주에서는 데이터센터에 전력망 확충 비용을 물리는 법안을 검토 중이며, 트럼프 행정부조차 빅테크가 발전소 건설 비용을 대라며 압박하고 있다.

기업이 땅만 고르면 국가가 알아서 전기를 대주던 시절은 끝났다. 전기가 기업을 따라오던 시대에서, 이제 기업이 전기를 찾아 유랑해야 하는 시대가 왔다. 그것도 그냥 전기가 아니라 탄소를 뿜지 않는 '무탄소 전기'여야만 한다.

실제로 최근 빅테크들은 생존을 위해 발 벗고 나섰다. 한때 위험하다며 기피하던 원자력이 화려하게 부활한 배경이다. 앞서 언급한 것처럼 마이크로소프트는 조기 폐쇄됐던 스리마일섬 원전을 재가동하는 계약을 맺었고, 아마존은 원전 바로 옆에 데이터센터를 짓고 전기를 직접 공급받겠다는 파격적인 행보를 보였다.

하지만 원전은 어디까지나 보조 수단일 뿐, 핵심은 여전히 재생에너지다. 구글, 아마존, MS, 메타 4개 사가 2025년까지 확보한 재생에너지 구매 계약, 즉 PPA 누적 규모는 80GW를 웃돈다. 원전 계약 물량의 7~8배에 달하는 압도적 수치다. 아마존 혼자 확보한 재생에너지(33.6GW)가 스웨덴 전체 발전 용량과 맞먹을 정도다. 최근 구글은 아예 재생에너지 기업인 인터섹트 파워^{Intersect Power}를 통째로 인수하며 에너지 독립을 선언했다.

이재명 정부의 해법: 에너지 고속도로와 그린 AX

이재명 정부는 이 전쟁의 승패가 '안정적이고 청정한 에너지 인프라'에 있다고 판단했다. 박정희 정부의 경부고속도로가 산업화의 혈관이었다면, 이재명 정부는 전국 어디서나 재생에너지를 생산·유통하는 지능형 전력망, 즉 '에너지 고속도로'를 깔아 AI 전환을 뒷받침하겠다는 구상이다. 정부는 이를 위해 150조 원 규모의 국민성장펀드를 조성하고, 2026년에는 우선 30조 원을 AI 및 전력 인프라에 쏟아부을 계획이다.

목표는 에너지 효율과 재생에너지를 결합한 그린 AX, 즉 AI에 기반한 녹색 전환의 실현이다. 먼저 2025년 기준 40GW 수준인 재생에너지 발전 용량을 2035년까지 140GW로 대폭 늘린다. 동시에 수도권에 몰린 전력 부하를 분산하기 위해, 지방으로 이전하는 데이터센터에는 법인세 감면과 지방 특화 전기요금제라는 파격적인 당근을 제시했다. 또 AI로 재생에너지의 변동성을 제어하는 지능형 에너지

패키지를 도입하는 건물이나 공장에는 최대 20억 원의 컨소시엄 지원금을 줘서 초기 비용 부담을 대폭 낮춰준다.

기업들이 주목해야 할 포인트는 또 있다. 해상풍력과 태양광 단지 인근에 조성되는 RE100 산업단지에 입주해 PPA로 재생에너지를 직구매하면 송전 이용료를 면제해준다. 그리고 전력 효율이 뛰어난 국산 AI 반도체를 도입하는 데이터센터에는 서버 구축 비용을 현금으로 환급해주거나 세액 공제 혜택을 주는 'K-NPU 프로젝트'도 가동된다.

정부가 깐 고속도로 위를 달릴 것인가, 아니면 전기가 없어 멈춰 설 것인가. 선택은 기업의 몫이다.

일자리의 소멸인가, 진화인가: 증강 노동이 만드는 새로운 세상

"Video killed the radio star." 1981년 MTV의 개국과 함께 경쾌한 리듬의 이 노래가 전 세계에 울려퍼졌다. 기술의 진보는 늘 이렇게 화려하게 등장하지만, 그 이면에는 익숙했던 삶의 방식을 잃어버린 이들의 고독한 투쟁이 숨어 있다. 인쇄기를 거부한 필사쟁이가 역사의 뒤안길로 사라지고, 증기기관을 외면한 공장이 파산의 길을 걸었으며, 인터넷을 부정한 소매점들이 문을 닫았다. 이처럼 기술은 언제나 기존의 질서를 파괴하며 새롭게 영토를 넓혀왔다. 2026년, 우리는 이제 인공지능이라는 거대한 수레바퀴 앞에서 라디오 스타가 느꼈던 그 막연한 공포와 마주하고 있다.

우리 몸의 작동 원리는 정교하다. 오감으로 수집된 정보가 뇌로 가면, 뇌는 지식과 경험을 섞어 판단을 내리고 신경계를 통해 팔다리에 명령을 내린다. 과거의 기계가 인간의 '근력'을 대체했다면, 오늘의 AI는 인간의 '판단력과 사고력' 자체를 복제하고 있다. 여기에 인간의 육체 노동을 재현하는 '피지컬 AI(로봇)'가 결합하면서, 기계가 범접할 수 없으리라 믿었던 정교한 육체 노동의 영역까지 기술의 사정권에 들어왔다. 바야흐로 인간의 몸과 머리 모두가 AI와 경쟁해야 하는 새로운 세상이 열린 것이다.

가장 약한 고리부터 무너지는 노동의 지형

변화의 고통은 언제나 가장 약한 곳부터 균열을 낸다. 현재 AI로 인한 노동 대체는 암묵지가 필요한 고숙련 직군보다는 데이터화가 쉬운 저숙련 노동과 단순 사무직에서 먼저 가시화되고 있다. IBM은 고객 서비스 등 지원 업무의 상당수를 AI로 대체하겠다고 공언했고, 아마존 역시 물류와 정산 분야에서 로봇과 알고리즘의 비중을 대폭 늘리고 있다. 국내에서도 콜센터 상담, 단순 코딩, 반복적인 회계 업무 등이 AI로 빠르게 대체되며 노동 시장의 양극화를 부채질하고 있다.

변화에 대한 공포는 필연적으로 저항을 부른다. 최근 현대차 노조가 휴머노이드 로봇 투입에 대해 "노사 합의 없는 도입은 결코 용납할 수 없다."라며 배수진을 쳤다. 19세기 영국 노동자들이 기계를 부쳤던 '러다이트 운동 Luddite Movement'의 재현이다. 고용 안정을 위협받는 노동자들의 본능적인 생존 투쟁은 앞으로도 산업 현장 곳곳에서 일어날 것이다.

저항의 파고는 공장의 담장을 넘어 전문직의 영토까지 들이닥쳤다. 최근 한국 회계업계에서 AI 도입으로 주니어 업무가 대체되면서 발생한 '역대급 수습 회계사 미발령 사태'가 대표적이다. 거리로 쏟아져 나와 AI 속도 조절을 요구하는 청년 회계사들의 절규는, AI가 이제 고숙련 지식 노동자로 가기 위해 필수적인 '경험의 사다리'마저 걷어차고 있음을 보여준다.

시니어의 부활과 세대 공존

하지만 거대한 역사의 물줄기를 인위적으로 막을 수는 없다. 이재명 대통령은 노동계의 반발에 대해 "굴러오는 거대한 수레를 피할 수는 없다. 바퀴를 막아 세우려 하기보다, 그 위에 올라타 속도를 조절하고 방향을 잡는 것이 국가와 노조의 역할"이라 강조했다. 기술 진보라는 필연적 흐름 속에서 우리가 고민해야 할 것은 '거부'가 아니라 '주도권'이라는 뜻이다.

모든 정보가 입에서 입으로 전해지던 농경 시대에는 축적된 지혜로 공동체를 이끌던 노인들이 존경의 대상이었다. 아이러니하게도 최첨단 AI는 21세기에 우리가 '경험과 지혜의 가치'를 재발견하게 만들고 있다. 데이터가 넘쳐나는 시대에 정답을 찾는 일은 기계의 몫이 되었다. 하지만 그 수많은 정답 후보 속에서 맥락을 읽어내고 무엇이 진짜 가치인지 결정하는 것은 결국 오랜 시행착오를 거친 인간의 직관, 즉 '시니어의 지혜'다.

이제 우리가 직면한 과제는 두 가지다. 첫째는 'AI에는 서툴지만 깊은 통찰을 가진 시니어가 어떻게 기술을 도구 삼아 자신의 경험을 가치로 전환할 것인가.'고, 둘째는 '기술에는 능숙하지만 실전 경험이 부족한 주니어가 어떻게 AI에 대체되지 않고 자신만의 경험치를 쌓을 것인가.'다. 이 세대 간의 비대칭성을 해소하는 지점에 정의로운 노동 전환의 열쇠가 있다.

사람 없는 기업에 미래는 없다

그간 우리 사회는 나이가 많아 트렌드에 뒤처진다며 숙련된 장년층을 밀어내고, 청년층은 경력이 없어 취업하지 못하고 취업하지 못해 경력이 없는 '뫼비우스의 띠' 같은 모순을 반복해왔다. 사람이 부품으로 기능하던 과거에는 이런 방식이 통했을지 모른다. 하지만 AI 시대에 이런 관성은 기업과 국가 경쟁력에 치명적인 부메랑이 된다. 복잡한 맥락을 짚어낼 지혜를 가진 시니어가 사라지고, 그 지혜를 전수받아 미래를 설계해야 할 청년이 노동 시장 밖으로 겉도는 사회는 조타수 없는 배와 같다.

기업의 인적자본 전략은 바뀌어야 한다. '젊은 조직'이라는 허울 아래 세대교체에만 매몰될 것이 아니라, 시니어의 지혜가 AI와 결합해 새로운 가치를 만들게 해야 한다. 또 단기 효율성만 좇아 신입 직원의 자리를 AI로 대체하는 것은 '밑돌 빼서 윗돌 괴기'나 마찬가지다. 당장의 재무제표는 개선될지 모르지만, 미래에 AI를 통제하고 지휘할 '지혜로운 리더'의 공급이 끊어지기 때문이다. 사람은 없고 AI라는 껍데기만 남는 기업에 미래는 없다.

이재명 정부의 '증강 노동' 지원책을 활용하라

AI 시대 노동의 지향점은 인간을 대체하는 '자동화Automation'가 아니라, 인간의 능력을 확장하는 '증강 노동Augmented Work'이어야 한다. AI를 도구로 부려 단순 업무를 넘기고, 인간은 고도의 창의적 의사결정에 집중하는 것이다. 기술이 인간을 소외시키는 것이 아니라, 인간이 기술을 활용하여 가장 인간다운 가치에 집중하게 만드는 것이 증강 노동이 지향하는 패러다임이다.

이재명 정부는 이 '증강 노동'을 위한 파격적인 지원책을 내놓았다.

● AI 리터러시 바우처

시니어 인력이 AI를 자기 손발처럼 쓰도록 돕는 제도다. 단순한 컴퓨터 교육이 아니라, 장년층이 보유한 현장의 노하우를 디지털 데이터로 전환하고 AI와 협업하는 데 필요한 컨설팅 비용을 국가가 댄다.

●전환형 고용 유지 장려금

기업이 숙련된 장년층을 내보내는 대신 AI 협업 인력으로 재교육할 경우, 교육비와 인건비의 최대 90퍼센트를 환급해주는 제도다.

●청년 지원 정책

하나는 '디지털 경험 수당'이다. 신입 사원을 채용해 AI 협업 프로젝트에 투입하는 기업에 수당을 지급한다. 다른 하나는 'AX 도제식 교육'이다. 신입 사원이 선배의 멘토링 하에 AI 시스템을 운영해보게 하는 기업에 인센티브를 준다. 단기 비용을 줄이기 위해 기업들이 신입 채용을 기피하지 않도록 독려하고, 청년층이 미래 AI 지휘관으로 성장할 수 있도록 '지혜의 사다리'를 복원하겠다는 것이다.

기업은 이 정책의 사다리를 적극 활용해야 한다. 청년이 시니어의 지혜를 배우고, 시니어가 청년의 기술을 빌려 함께 성장하는 '세대 공존의 일터'. 이것이 AI 공포와 미래의 노동 공급 단절을 넘어설 가장 현실적이고 정의로운 해법이다.

통제 불능의 AI:
누가, 어떻게 책임질 것인가

2025년 말, 쿠팡은 약 3400만 건에 달하는 사상 최대 규모의 개인 정보 유출 사태로 대한민국을 충격에 빠뜨렸다. 또 사태 수습 과정에서 은폐 시도와 부적절한 대응으로 일관하며 사회적 공분을 샀다. 사실 쿠팡이 도마 위에 오른 건 이번이 처음이 아니다. 이미 2019년부터 5년간 약 16만 차례에 걸쳐 검색 알고리즘을 조작해 자사 상품을 상단에 노출한 혐의로 공정위의 제재를 받고 행정 소송 중이다. 당시 쿠팡 측은 이렇게 항변했다.

"랭킹은 수백 가지 변수를 고려해 알고리즘이 스스로 결정하는 것이며, 인간이 일일이 조작할 수 있는 구조가 아니다."

이러한 해명은 낯설지 않다. 배차 논란이 있었던 모빌리티 기업도, 검색 공정성 시비가 붙은 포털도 늘 '알고리즘의 기술적 복잡성'과 '영업비밀'이라는 방패 뒤에 숨어 책임을 회피해왔다.

문제는 이 변명이 이제 진실이 될 수도 있다는 점이다. 지금까지는 '사람이 알고리즘을 몰래 조작했다.'라는 의혹이 핵심이었다면, 앞으로는 "AI가 왜 그런 판단을 내렸는지 우리(경영진)도 몰랐다."라는 주장이 팩트로 받아들여지는 사회가 도래할지도 모른다. 실제로 최근 실리콘밸리에서는 "AI가 직원의 일자리가 아니라 CEO의 의사결정권을 노리고 있다."라는 농담이 돈다고 한다.

이제 지배구조의 핵심 질문은 '누가 결정했나?'가 아니라 '누가 책임질 것인가?'로 바뀌고 있다. 이사회를 어떻게 구성할지 고민하는 단계를 넘어, '어떻게 통제 불능의 AI를 제어하고 책임의 사슬을 설계할 것인가'가 기업 거버넌스의 최우선 과제가 된 것이다.

통제 가능한 AI: 글로벌 가이드라인 5대 원칙

'통제 불가능한 기술'에 대한 공포 속에 전 세계는 기준 제정을 서두르고 있다. 2024년 EU는 세계 최초의 포괄적 규제인 'EU AI 법_{EU AI Act}'을 발효했고, 같은 해 UN글로벌콤팩트_{UNGC}와 OECD도 각각 가이드라인을 내놓았다. 이들이 공통적으로 강조하는 '책임 있는 AI 거버넌스'의 핵심은 다섯 가지다.

① 인적 감독과 자율성

AI는 결코 인간의 통제권을 벗어날 수 없다. OECD와 EU는 AI가 자율적으로 내린 결정이라도 인간이 언제든 개입하거나 시스템을 강제 중단시킬 수 있는 '킬 스위치Kill Switch' 확보를 의무화했다. 알고리즘 뒤에 숨으려는 시도를 원천 봉쇄하겠다는 뜻이다.

② 기술적 안전성

"예측할 수 없는 오류였다."라는 평계는 통하지 않는다. 기업은 AI가 의도치 않은 해를 끼치지 않음을 사전에 입증해야 하며, 오류 발생 시 작동할 '백업 플랜'을 경영 시스템에 장착해야 한다.

③ 데이터 프라이버시

UNGC는 부정한 데이터로 학습된 AI를 '독이 든 성배'로 정의했다. 데이터 수집부터 폐기까지 전 과정의 적법성을 경영진이 직접 관리해야 한다. 저작권 침해나 개인정보 오염은 이제 치명적인 경영 리스크다.

④ 투명성과 설명 가능성

영업비밀이라는 장벽 뒤에 숨어선 안 된다. AI의 의사결정 과정을 투명하게 공개하고 그 구조를 설명할 수 있어야 한다. 특히 채용, 대출, 검색 노출 등 시민의 삶과 직결된 영역에서는 AI의 판단 근거를 '일반인이 이해할 수 있는 언어'로 설명할 수 있어야 한다.

⑤ 공정성과 비차별성

데이터에 숨은 인간의 편견이 AI를 통해 증폭되는 것을 막아야 한다. 인종, 성별, 연령에 따른 차별적 결과가 나오지 않도록 모델의 편향성을 상시 교정하는 체계를 갖춰야 한다.

자본 시장과 기업의 대응: 책임지지 않는 AI에는 투자하지 않는다

책임 있는 AI 거버넌스는 자본 시장의 '돈줄'을 쥐고 흔들기 시작했다. 세계 최대 자산운용사 블랙록은 투자 기업에게 AI 리스크 관리 체계를 투명하게 공시할 것을 요구했고, 세계 최대 국부펀드인 노르웨이 국부펀드도 AI 거버넌스에 구멍이 뚫린 기업에는 투자를 철회하겠다고 경고했다. ESG 평가기관인 MSCI와 S&P Global도 데이터·알고리즘 리스크, 프라이버시, 인권·윤리 이슈를 평가지표에서 점점 더 비중 있게 반영하고 있다. "당신의 AI가 사고를 쳤을 때 누가 책임지는가?"라는 질문에 답하지 못하는 기업의 등급을 가차 없이 깎아내린다.

발 빠른 빅테크들은 이미 시스템을 구축했다. 알파고의 구글은 일찍이 'AI 원칙'을 발표하고, 모든 프로젝트를 'AI 원칙 검토 위원회'

가 심의하도록 했다. 위원회의 결정은 경영진의 성과 지표(KPI)와 연동되어 실질적인 구속력을 갖는다. 또 책임 있는 AI 이행 현황을 담은 연례 보고서를 통해 알고리즘 업데이트와 활용이 사회에 미친 영향도 공개하고 있다. 마이크로소프트는 '책임 있는 AI 부서'를 설치해, 인권이나 윤리 원칙을 위반한 제품은 아무리 돈이 돼도 출시를 거부할 수 있는 막강한 권한을 쥐어줬다.

일반 기업도 예외는 아니다. 유통 공룡 월마트는 AI 발주 시스템에 안전장치를 걸었다. AI가 내린 발주 예측값이 협력사에 타격을 줄 수 있는 특이치를 보이면, 시스템이 경고를 울리고 담당자의 수동 승인 없이는 발주가 나가지 않도록 막았다. 하이네켄은 채용 AI를 도입하며 '인간 최종 결정 원칙_{Human-in-the-loop}'을 명문화했다. AI는 점수를 매기는 보조일 뿐, 합격 버튼은 반드시 인사 담당자가 누르도록 하여 책임 소재를 명확히 했다. 또 AI가 추천한 명단에서 특정 인종이나 성별이 반복적으로 배제되는지 분기별로 전수 조사하고 있다.

이재명 정부의 AI 거버넌스 해법: 규제와 지원의 균형

대한민국에서도 2026년 1월부터 '인공지능기본법'이 시행되었다. 국민의 생명과 안전에 영향을 미치는 AI를 운용하는 기업은 설계 단계부터 잠재적 위험을 분석하고 투명하게 공개해야 한다. 다만 규제가 중소·벤처기업에게 '사다리 걷어차기'가 되지 않도록 정부는 강력한 지원책을 병행한다.

●AI 안전연구소 설립

AI 안전연구소KAISI는 첨단 AI의 안전성을 상시적으로 평가하고 검증하는 국가 전담 기구다. 기업은 이곳의 인프라와 민간 전문가가 참여하는 레드팀Red Teaming의 모의 해킹을 통해 출시 전 자사 모델의 약점을 찾아내고 안전성을 검증받을 수 있다.

●AX 통합 바우처

자체 보안 역량과 기술이 부족한 스타트업을 위해 'AI 보안 인프라' 구축 비용을 지원한다. 기업은 바우처로 클라우드 기반 보안 서비스 AI-SECaaS를 도입해 알고리즘 편향성을 해소하고 안전한 거버넌스를 구축할 수 있다.

●AI 품질 인증과 글로벌 표준화 인센티브

AI 솔루션의 신뢰도와 경쟁력을 높이기 위해 'AI 품질 평가 인증제도'를 운영하고, 국제 표준에 부합하는 상호운용성 확보를 지원한다. 인증을 획득한 기업에는 공공 조달 입찰 시 가점을 주고 각종 지원 사업에서 우대한다. 안전한 AI가 곧 시장에서의 경쟁력이 되도록 판을 짠 것이다.

AI 시대의 거버넌스는 단순한 윤리 강령이 아니다. 통제되지 않는 기술은 기업의 존립을 위협하는 가장 치명적인 리스크가 될 수 있다. 이재명 정부의 지원책을 발판 삼아 안전한 AI 통제망을 선제적으로 구축하는 기업만이 다가올 블랙박스 사회에서 투자자와 소비자의 굳건한 신뢰를 얻을 것이다. 이제 기업의 진정한 무기는 AI 기술의 속도가 아니라, 그 폭주를 제어할 수 있는 '책임 있는 거버넌스'의 힘이다.

AI가 설계하는 고효율 기후변화 대응 전략

경제학에는 "세상에 공짜 점심은 없다."라는 오래된 격언이 있다. 모든 선택에는 반드시 대가와 기회비용이 따른다는 뜻이다. AI의 발전도 결코 '공짜'가 아니다. 거대언어모델을 학습시키고 운영하는 데는 막대한 전력과 물이 소비된다. 데이터센터의 핵심인 반도체에 들어가는 희토류를 채굴하고 제련하는 과정에서도 심각한 토양 및 수질 오염이 발생한다.

하지만 AI를 단순히 '새로운 환경 파괴의 주범'으로만 몰아세우는 것은 숲을 보지 못하고 나무만 보는 격이다. AI를 활용해 산업 전반의 에너지와 자원 효율을 극대화하고, 환경 피해를 사전에 예측·예방함으로써 얻는 이득이 비용을 상쇄하고도 남을 만큼 무궁무진하기 때문이다.

에너지의 최적화: 예측이 곧 효율이다

에너지 관리의 핵심은 '정밀한 분석'과 '예측'이다. AI는 방대한 데이터를 학습해 실시간으로 변하는 전력 수요를 정밀하게 예측하고, 가장 효율적이며 친환경적인 공급 방안을 찾아낼 수 있다.

미국의 재생에너지 발전 기업 '넥스트에라 에너지NextEra Energy'는 재생에너지의 치명적 단점인 '간헐성(날씨에 따라 발전량이 들쭉날쭉한 현상)'을 극복하기 위해 AI를 도입했다. 위성 영상과 기상 센서 데이터를 AI로 분석해 발전량을 정밀하게 예측함으로써 전력망의 안정성을 높이고 있다. 구글은 데이터센터 냉각 시스템에 AI를 적용했다. 기온, 습도 등 냉각 효율에 영향을 주는 수많은 변수를 AI가 실시간으로 계산해 최적의 냉각 조합을 찾아낸다. 구글은 이를 통해 냉각 에너지를 무려 40퍼센트나 절감하는 성과를 거뒀다.

공급망 관리: 우주에서 감시하는 AI

글로벌 기업의 공급망은 전 세계에 거미줄처럼 얽혀 있다. 공급망으로부터 발생하는 리스크의 빈도와 크기는 점점 커지는데, 인간의 눈만으로 수천 개 협력사의 환경 이슈를 감시하는 건 거의 불가능에 가깝다.

글로벌 소비재 기업 '유니레버Unilever'는 구글 클라우드와 손잡고 위성 영상에 AI 비전 기술을 결합했다. AI가 전 세계 팜유 농장의 식생 변화를 실시간으로 스캔하여 어디서 불법 산림 파괴가 일어나는지, 누가 환경 규정을 어기는지 24시간 추적한다. 과거에는 막대한 인력을 투입해 일일이 실사해야 했으나 이제는 AI 덕분에 책상 위에서 지구 반대편의 숲을 지킬 수 있게 된 것이다. 친환경 기업의 대명사 파타고니아 역시 원재료 소싱부터 제조까지 전 과정의 환경 부하를 AI로 시뮬레이션하여 가장 탄소 배출이 적은 공급망 경로를 설계하고 있다.

기후 리스크 분석: 막연한 공포를 정교한 숫자로

기후변화의 피해는 미래가 아닌 현재진행형이다. AI는 이 막연한 기후 리스크를 정교한 숫자로 바꿔 대응 전략을 수립하게 돕는다. 과거 기상 데이터와 미래 기후 시나리오, 그리고 기업의 자산 정보를 결합해 AI로 시뮬레이션하면 기존 방식보다 훨씬 정밀한 리스크 분석이 가능하다.

세계 최대 재보험사 '스위스 리Swiss Re'는 자체 AI 모델링을 통해 침수나 가뭄 등 기후 재해 발생 확률의 예측 정확도를 획기적으로 높였고, 이를 보험료 산정에 반영하고 있다. 기후 리스크 분석 전문 기업

'주피터 인텔리전스_{Jupiter Intelligence}' 역시 위성 데이터와 센서 정보를 AI로 분석해 홍수, 산불, 가뭄 리스크를 정량화한다. 이를 통해 기업 자산 가치의 변화를 예측하고 최적의 대응 전략을 제시한다.

수자원과 토양 보호: 보이지 않는 오염을 잡다

물 부족은 인류의 생존을 위협하는 가장 시급한 문제다. AI는 물 한 방울도 헛되이 쓰지 않도록 돕는다.

이스라엘 IT 기업 '타카두_{TaKaDu}'는 상수도망 센서에서 수집된 수압과 진동 데이터를 AI로 분석하여 땅속의 보이지 않는 누수를 실시간으로 찾아낸다. 미국의 물 관리 기업 '하이드로포커스_{HydroFocus}'는 폐수 처리장에 유입되는 오염 물질 농도를 AI로 분석해 정화 약품 투입량을 최적화하여 수질 오염을 막고 있다.

토양 오염 방지에도 AI가 활약한다. 미국 농기계 기업 '존디어_{John Deere}'는 트랙터 카메라로 들어온 영상을 AI가 분석해 작물과 잡초를 0.1초 만에 구별하는 '씨 앤 스프레이_{See & Spray}' 기술을 상용화했다. 잡초에만 정밀하게 제초제를 뿌린 덕분에 살포량을 기존 대비 최대 90퍼센트까지 줄였고, 토양과 지하수 오염을 획기적으로 낮췄다.

생물다양성과 순환경제: 듣고, 보고, 분류하다

AI의 감각은 숲속과 쓰레기장에서도 빛을 발한다. 비영리단체 '레

인포레스트 커넥션Rainforest Connection'은 밀림에 폐스마트폰을 활용한 음향 감지기를 설치했다. AI는 숲의 소리를 실시간으로 듣다가 불법 벌채꾼의 전기톱 소리나 트럭 엔진 소리가 포착되면 즉시 경보를 울려 숲을 지킨다. 자원 순환의 핵심인 분리수거에도 AI 로봇이 투입된다. 미국의 '앰피 로보틱스AMP Robotics'는 컨베이어 벨트 위를 지나가는 폐기물을 AI 눈으로 식별해 재활용 가능한 자원을 낚아챈다. 단순히 재질만 구분하는 게 아니라 오염된 플라스틱까지 걸러내는 놀라운 정확도로 매립과 소각을 줄이는 데 기여하고 있다.

보여주기식 AI는 금물: 본질에 집중하라

환경 관리에 AI를 활용할 영역은 무궁무진하다. 하지만 가장 경계해야 할 것은 기술 자체에 매몰되어 본질을 놓치는 것이다. 성공적인 전략을 위해서는 먼저 데이터에 기반해 우리 기업 가치사슬 중 환경 부하가 가장 큰 '핫스팟'이 어디인지 정확히 찾아야 한다. 그곳에 AI를 투입해 문제를 해결하고, 그 과정을 투명하게 공개해야 한다. 실질적인 환경 개선 효과는 없으면서 최신 AI 기술을 도입했다는 홍보 수단으로만 활용하는 것은 또 다른 형태의 그린워싱일 뿐이다.

빅데이터 기반의
산업재해 및 인권 리스크 관리

‘몸으로 때운다.’라는 말은 결코 가벼운 농담이 아니다. 인류의 산업사는 기술의 빈자리를 사람의 몸으로 메워온 잔혹한 기록이다. 더욱 냉혹한 현실은 그 빈자리를 메우기 위해 동원된 몸들이 언제나 우리 사회의 가장 소외된 곳에 있는 약자들이었다는 점이다.

19세기, 유독가스 탐지기가 없던 탄광에서 가스를 마시고 죽어간 카나리아 옆에는 환기창을 여닫다 함께 쓰러져 간 어린 소년들이 있었다. 1920년대에는 도색 기계가 없던 시절 야광 시계판에 라듐을 칠하기 위해 붓끝을 입술로 빨다 턱뼈가 녹아내린 소녀들, ‘라듐 걸스’가 있었다. 1986년, 체르노빌 원자로 지붕 위로 고장 난 로봇 대신 삽을 들고 올라가 '바이오 로봇'이라 불리며 재가 되어간 이들은 선택권 없는 젊은 군인들이었다.

최근이라고 다를까. 로봇조차 멈춰버린 후쿠시마 원전 사고 현장에서 사투를 벌였던, 그래서 '후쿠시마 50인'이라고까지 칭송받는 이들은 대부분 하청에 하청을 거친 저임금 노동자들이었다. 지금까지 우리 사회는 기계가 없어서, 기계가 비싸서, 혹은 기계가 사람보다 못하다는 이유로 가장 힘없는 이들의 몸을 연료 삼아 돌아갔다.

가장 위험한 곳에 가장 먼저: 피지컬 AI

AI가 우리 사회에 기여할 수 있는 가장 숭고한 영역은 바로 '안전한 일자리'를 만드는 것이다. 가장 먼저 주목할 분야는 '피지컬 AI', 즉 위험한 업무를 로봇으로 대체하는 것이다.

현대자동차그룹의 자회사 보스턴 다이내믹스Boston Dynamics가 개발한 4족 보행 로봇 '스팟'은 이미 영국 셀라필드 원전에 투입되어 방사능 오염 구역에서 사람 대신 시료를 채취하고 수치를 측정하고 있다.

국내 산업 현장도 로봇이 지킨다. 기아는 열화상 카메라와 3D 라이더LiDAR를 장착한 로봇을 투입해 육안으로 보기 힘든 가스 누출과 배선 과열을 실시간으로 탐지한다. 현대건설은 붕괴 위험이 있는 터널과 교량 공사 현장에 로봇을 먼저 보내 지형을 분석함으로로써 인명 사고 리스크를 원천 차단하고 있다. SK이노베이션과 포스코 역시 고열의 배관이나 용광로 주변 등 사람이 접근하기 힘든 곳의 이상 징후를 탐지하는 데 로봇을 활용하고 있다.

보이지 않는 위험을 본다: AI 안전 시스템

여전히 사람이 머물러야 하는 업무나 작업장에는 AI가 '안전 관리자'로 투입된다. 과거의 사고 기록, 작업 공정, 아차 사고Near Miss 데이터를 학습한 AI는 작업자의 피로도와 환경 변수를 실시간으로 분석해 사고 발생 가능성을 예측하고, 이로써 안전사고나 대형 참사의 발생 가능성을 줄일 수 있다.

미국 IT 기업 오라클Oracle은 건설 현장 AI 안전 솔루션인 '컨스트럭션 인텔리전스 클라우드'를 제공한다. 미국 건설사 제이이 던JE Dunn은 이 시스템을 도입해 현장의 잠재적 위험을 사전에 예측하여 선제적으로 대응하는 성과를 거두었다. 마찬가지로 건설사인 볼트 컴퍼니The Boldt Company 역시 데이터 기반의 위험 제거를 통해 산재 보상 비용을 획기적으로 절감했다.

제조 현장의 AI 도입도 빨라지고 있다. BMW 독일 레겐스부르크 공장의 AI 영상 분석 시스템은 작업자의 안전장구 착용 여부와 로봇 팔과의 거리를 0.1초 단위로 감시하며, 위험을 감지하면 설비 가동을 즉시 중단한다. 인도 철강 기업 타타 스틸Tata Steel은 수만 건의 사고 데이터를 학습한 AI로 '위험 지도'를 그려 사고 확률이 높은 구역을 사전에 관리한다. 국내 기업 LG 전자 역시 창원 스마트 파크 등에 지능형 감시 시스템을 적용하여 지게차와 작업자의 충돌 위험을 진동으로 경고하는 등 재해를 예방하고 있다.

사각지대의 인권을 감시하다: 공급망 AI

AI의 눈은 공장 담벼락을 넘어 보이지 않는 공급망의 인권 사각지대까지 비춘다. 독일의 공급망 리스크 관리 기업 프리웨이브_{Prewave}는 전 세계 뉴스, SNS, 정부 보고서 등 비정형 데이터를 AI로 실시간 분석한다. 이를 통해 지구 반대편 하청 공장에서 벌어지는 강제 노동이나 아동 착취 정황을 포착해 기업에 알린다. 현재 BMW, 아우디, 폭스바겐 등 100여 개 글로벌 기업이 이 서비스를 통해 공급망 리스크를 관리하고 있다.

현대판 노예제 근절을 목표로 하는 비영리 사회적 기업 슬레이브 프리 얼라이언스_{Slave-Free Alliance} 역시 데이터 분석 기술을 활용한다. 복잡한 공급망 속에 숨겨진 의심스러운 자금 흐름과 거래 패턴을 분석해 노동 착취와 연루된 고리를 찾아낸다. 알디_{ALDI}, 모리슨_{Morrisons} 같은 유통 공룡부터 물류 기업 윈캔턴_{Wincanton}, 글로벌 환경 서비스 기업인 베올리아_{Veolia}까지 수많은 기업이 이들과 협력해 자신의 공급망을 감시한다.

배제가 아닌 상생을 위한 기술

안전하지 않은 곳, 인권을 존중받지 못하는 곳에서 일하고 싶은 사람은 없다. 위험한 줄 알면서도 '몸으로 때우는' 일을 하는 이유는 당장의 생존이 걸린 절박함 때문이다. 따라서 기업의 AI 전략은 신중해야 한다. AI가 공급망의 인권 리스크를 찾아냈다고 해서, 그 즉시 거래를 끊어버리는 '손절' 방식은 하책이다. 이는 해당 지역 노동자들의 생존권을 박탈하여 그들을 더 깊은 빈곤과 위험으로 내몰 수 있다.

기술로 찾아낸 문제를 '배제'의 근거로 삼지 말고, '개선'의 기회로 삼아야 한다. 구매 기업이 가진 영향력을 활용해 공급망의 노동 환경을 실질적으로 개선하도록 유도해야 한다. AI를 활용하는 목적은 어디까지나 위험을 격리하고 인권을 신장시키는 것이지, 노동자를 배제하는 것이 아니다. 안전을 명분으로 약자의 일자리를 뺏거나, 인권을 명분으로 취약 지역의 기회를 박탈하는 것은 기술을 앞세운 또 다른 형태의 야만일 뿐이다.

AI가 보조하는
ESG 데이터 관리와 경영 의사결정

거버넌스의 본질은 두 가지다. 조직의 성과를 극대화할 '유능한 의사결정 시스템을 구축'하는 것, 그리고 그 결실이 주주와 이해관계자에게 공정하게 돌아가도록 '부당한 유출을 감시'하는 것이다.

오늘날 대학마다 최고경영자 과정이 넘쳐나는 현상은 경영진의 판단력이 조직의 생사를 가르는 핵심 역량임을 방증한다. 또한 최근 상법 개정 논의로 한국 증시가 들썩이는 모습은 그동안 우리 기업과 감독기관이 주주 간 성과 배분 문제를 얼마나 외면해왔는지를 보여주는 뼈아픈 증거다.

여기서 AI는 이사회와 경영진의 역량을 고도화하는 동시에, 공정

한 배분을 감시하는 '지배구조의 두 축'을 강화할 가장 강력한 무기가
될 수 있다.

현대판 경연: AI를 활용한 경영 역량 강화

인류 역사에서 조직의 성패는 늘 '리더의 역량'이라는 불확실성에
좌우됐다. 유능한 군주가 번영을 일구기도 했지만, 자질 없는 리더는
공동체 전체를 파국으로 몰아넣었다. 리더의 지혜와 도덕성이 시스
템이 아닌 유전적 확률, 즉 '복불복'에 좌우되던 시대의 비극이었다.

조선은 이 리스크를 관리하고자 '세자시강원世子侍講院'과 '경연經筵'
이라는 세계적으로 유례를 찾기 힘든 정교한 교육 시스템을 구축했
다. 왕은 신하들과 끊임없이 토론하며 독단을 경계하고 지혜를 구했
다. 하지만 이 역시 만능은 아니었다. 영조의 혹독한 압박을 견디지
못해 뒤주에서 생을 마감한 사도세자의 비극은, 인적 훈계와 도덕적
수양에만 의존하는 시스템이 리더의 기질과 충돌할 때 얼마나 무력
해지는지를 보여준다.

AI는 바로 이 지점, 인적 불확실성과 조직적 비효율을 극복하는 열
쇠다. 과거의 왕들이 신하들과의 경연을 통해 지혜를 구했다면, 현대
의 리더들은 AI와의 '데이터 경연'을 통해 의사결정의 객관성을 확보
한다. 세일즈포스Salesforce의 마크 베니오프Marc Benioff 회장은 매주 AI
'아인슈타인'의 비판적 분석 리포트를 최우선으로 검토하며 자신의

편향을 경계한다. 홍콩의 벤처캐피털 딥 날리지 벤처스Deep Knowledge Ventures는 아예 AI 알고리즘 'VITAL'을 이사회 멤버로 선임하여 인간 이사가 놓칠 수 있는 재무 리스크를 객관적으로 검증하게 했다.

실무에서도 AI는 직관이 아닌 팩트를 제공한다. 팔란티어Palantir는 파편화된 데이터를 통합해 '단일한 진실Single Source of Truth'을 제공함으로써 경영진이 감에 의존하던 관행을 깼다. 에어버스Airbus는 이를 통해 공정 병목을 실시간 해결해 생산성을 33퍼센트 높였고, 국내 기업 HD현대 역시 현장 관리자의 경험에만 의존하던 선박 건조 공정을 정교한 데이터 시뮬레이션으로 대체해 공기 단축과 수익성 극대화라는 성과를 거뒀다.

디지털 파수꾼: 공정한 배분과 내부 통제

주주 간 공정한 성과 배분은 대주주의 이해관계와 직결되기 때문에 기업 내부의 자발적 결단만으로는 해결하기 어려운 구조적 난제다. 이를 돌파하기 위해 글로벌 감독기관들은 AI를 '디지털 파수꾼'으로 내세워 감시망을 좁히고 있다.

미국에서 증권거래위원회는 데이터 분석 시스템 '아르테미스ARTEMIS'로 방대한 거래 데이터를 24시간 모니터링하며, 내부자 거래나 시세 조종 같은 시장 교란 행위를 포착한다. 금융산업규제기구FINRA와 상품선물거래위원회CFTC 역시 머신러닝 기반 감시 체계를 고도화해, 내부자 거래와 연계된 비정상 거래 흐름을 조기에 탐지하는 데 활용하고 있다. 국세청IRS 또한 데이터 분석과 알고리즘을 통해 조세 회피처와 관련된 고위험 법인 구조와 자금 흐름을 식별한다.

영국 금융감독청FCA과 호주 증권투자위원회ASIC도 AI를 활용해 지배주주나 경영진의 이해상충이 숨어 있을 법한 교묘한 부당 거래 패턴을 찾아내고 있다. 국제금융정보분석기구Egmont Group는 각국 금융정보분석원FIU의 자금세탁방지AML 시스템을 연계해 국가 간 의심 거래 정보를 신속히 공유함으로써 기업 자금의 불투명한 해외 유출을 차단하는 데 기여하고 있다.

기업 내부의 컴플라이언스 역시 AI로 진화했다. 독일에 본사를 둔 글로벌 기술 기업 지멘스Siemens는 전 세계 자사 법인의 회계 데이터를 AI로 전수 조사하여 인간 감사인이 놓칠 수 있는 리베이트와 부당 자금 이체를 찾아낸다. 골드만삭스와 HSBC 같은 금융기관은 AI로 내부 커뮤니케이션과 자금 흐름을 실시간 모니터링하여 횡령이나 자금 세탁 같은 도덕적 해이를 선제적으로 차단하고 있다.

기술은 거들 뿐, 책임은 리더의 몫

AI는 훌륭한 조력자지만, 결코 리더의 책임을 대신할 수는 없다. AI가 내놓는 '데이터의 진실'과 '부정의 신호'는 인간이 올바른 결정을 내리기 위한 재료일 뿐이다. 알고리즘 뒤에 숨어 의사결정의 책임을

회피하거나, 시스템의 완벽함을 핑계로 리더 본연의 윤리적 의무를
방기하는 것은 또 다른 형태의 거버넌스 실패다.

과거 조선의 왕들이 경연을 통해 스스로를 끊임없이 경계했듯, 현
대의 리더 역시 AI라는 거울에 조직을 비춰보되 최종 판단의 책임은
온전히 자신의 몫임을 잊지 말아야 한다. AI는 거버넌스를 '유능'하
게 만들지만, 그 거버넌스를 '정의롭고 투명'하게 완성하는 것은 결국
리더의 확고한 의지다. 기술은 수단일 뿐, 지배구조의 종착지는 언제
나 인간이어야 한다.

게임 체인저: AI로 완성하는 선순환 ESG 생태계

　ESG의 핵심은 '정보'와 '자본'의 교환이다. 기업이 환경, 사회, 지배구조 정보를 생산하여 공개하면, 자본시장과 소비자는 이 정보를 바탕으로 투자와 소비의 방향을 결정한다. 사실 그동안 ESG 생태계는 데이터와 관련하여 과도한 생산 비용, 파편화된 관리 시스템, 그리고 정보의 비대칭성 등 여러 문제로 인해 생산과 활용 양측 모두에서 심각한 병목 현상을 겪어왔다. 그렇지만 AI는 ESG 정보의 생산부터 투자와 소비 단계의 활용에 이르는 전 과정을 근본적으로 혁신하여 'ESG 활동 → ESG 정보 생산·유통 → 자본 유입'으로 이어지는 ESG 경제의 선순환 고리를 완성하는 마스터키가 될 수 있다.

보고서용 '숙제'에서 경영의 '핵심 내비게이션'으로

2025년 기준으로 200개가 넘는 한국 기업이 자발적으로 지속가능경영보고서를 발간했다. 하지만 이들 중 실제 경영전략 수립과 이행에 ESG 데이터를 상시로 활용하는 기업은 드물다. 여전히 많은 기업에서 ESG는 의사결정을 위한 핵심 지표가 아니라, 1년에 한 번 보고서를 발간하기 위해 해치워야 할 '숙제'에 머물러 있기 때문이다.

상황이 이렇다 보니 현장의 ESG 데이터 관리도 철저히 '보고서 작성' 중심으로 돌아간다. 매년 발간 시즌이 다가오면 ESG 담당 부서는 각 실무 부서에 엑셀 파일을 돌려 숫자를 수동으로 취합하고 다시 정리하는 소모적인 '가내수공업'을 반복한다. 이 과정에서 실무자의 이해도에 따라 원천 데이터의 오류가 발생하기 쉽고, 데이터의 시차와 중복 문제도 발생한다. 물론 실제 경영 현장에서의 활용 가능성마저 현저히 떨어진다.

AI는 이러한 ESG 데이터의 생산, 관리, 활용, 공시 전반의 체질을 개선하여 ESG를 실질적인 기업 경영 도구로 탈바꿈시킨다.

AI를 도입하면 전사적 자원관리(ERP)나 공급망 관리(SCM) 등 기존 경영 시스템과 연동하여 방대한 비정형 데이터를 실시간으로 수집해 맞춤형 ESG 데이터를 자동으로 생산할 수 있다. 예를 들어 공장의 에너지 사용량이나 물류 차량의 탄소 배출량을 IoT 센서로 측정해 국제 기준에 맞는 지표로 즉각 산출할 수 있다. 또 작업 현장의

CCTV 영상을 AI로 분석해 안전장구 미착용이나 위험 구역 침범 빈도를 실시간 안전·보건 데이터로 수치화하고, 인사 시스템과 연동해 임직원의 교육 이수 현황 및 다양성 지표를 자동으로 업데이트할 수도 있다.

나아가 AI는 창고에 쌓여만 있던 ESG 데이터를 실제 경영 의사결정과 자본 배분에 쓰이도록 도울 수 있다. 생산량 변동 없이 에너지가 급증하거나 안전 지표가 임계치를 초과하면 즉각 경고를 보내 데이터의 정합성을 상시 관리할 수 있게 되는 것이다.

이렇게 정제된 내부 데이터를 외부의 '규제 레이더'와 결합하면 강력한 의사결정 도구가 된다. 해외 설비 투자 시 현지의 탄소세 도입 계획 등 외부 리스크를 내부 에너지 소비 데이터와 결합해 'ESG 리스크 반영 수익률'을 시뮬레이션할 수 있다. 또 내부 사고 이력과 사회적 요구 수준을 종합 분석하여 잠재적 손실 비용 대비 최적의 안전 투자 규모를 도출할 수도 있다. ESG가 추상적 구호를 넘어 생존과 성장을 위한 '실질적 내비게이션'으로 작동하는 것이다.

AI를 활용하면 공시의 효율성과 신뢰성도 획기적으로 높아진다. AI가 내부의 복잡한 데이터를 글로벌 공시 표준에 맞춰 자동 분류·가공하면 보고서 발간에 드는 막대한 시간과 비용을 절감하게 된다. 또 데이터의 신뢰성 수준도 높일 수 있다. 공시 전 단계에서 AI를 이용해 논리적 모순이나 누락을 교차 검증해 '그린워싱' 리스크를 차단할 수 있고, 외부 감사인이 출처를 쉽게 추적할 수 있도록 '데이터 꼬리표Tagging'를 달아 지원할 수도 있다.

무엇보다 기존에 PDF 텍스트 형태로 제공하던 보고서를 AI 에이전트와 투자 알고리즘이 쉽게 긁어갈 수 있는 디지털 데이터로 변환함으로써 시장과의 소통 속도를 비약적으로 끌어올릴 수 있게 된다.

금융 현장: '평가사 구독'의 종말과 '자체 ESG 지능'의 확보

최근 소프트웨어 산업에서 나타나는 변화는 ESG 금융 시장에도 시사하는 바가 크다. 과거 기업들은 SAP나 세일즈포스와 같은 외부의 값비싼 서비스형 소프트웨어Software as a Service, SaaS 솔루션을 구독해야 했지만, 이제는 AI를 활용해 필요한 기능을 내부에서 직접 구현하고 있다. 그리고 이러한 현상은 ESG 자본시장에서도 똑같이 반복되고 있다. 그동안 글로벌 ESG 평가사와 데이터 제공업체들이 누려왔던 독점적 지위가 AI라는 파괴적 기술 앞에 흔들리고 있는 것이다.

사실 ESG 정보는 전형적인 빅데이터의 영역이다. 기업 공시, 뉴스, 소셜 미디어, 공급망 데이터, 위성 이미지까지 그 범위가 방대하고 몹시 파편화되어 있다. 그동안 금융기관은 이 비정형 데이터를 직접 처리할 인력과 자본이 부족하여 어쩔 수 없이 외부 평가사가 임의로 가중치를 두어 점수화한 '가공된 정보'를 비싼 값에 사서 써야 했다.

그런데 AI가 데이터를 다루는 비용과 난이도를 획기적으로 낮췄다. 이제 금융기관은 평가사가 정해준 단일한 점수에 의존하는 대신, AI로 원천 데이터를 직접 긁어모아 자신들만의 투자 철학이 담긴 독자적인 평가 모델을 구축하고 있다. AI가 수만 페이지의 지속가능경영보고서에서 필요한 수치만 정확히 발췌하고, 실시간 뉴스 모니터링으로 기업의 사회적 논란을 분석해 즉각 등급에 반영한다.

예를 들어 JP모건은 ISS나 글래스루이스Glass Lewis 같은 외부 의결권 자문사에 의존하던 관행을 깨고 자체 AI 플랫폼인 '프록시 아이큐Proxy IQ'를 구축했다. 수천 개 피투자 기업의 주주총회 안건을 AI로 분석해 JP모건의 투자 원칙에 부합하는 투표 가이드라인을 실시간으로 생성해 낸다. 세계 최대 자산운용사 블랙록 역시 자체 리스크 관리 플랫폼인 '알라딘Aladdin'에 AI 기후 리스크 분석 기술을 결합하여 외부 등급에 얽매이지 않고 기업의 리스크를 직접 측정하고 있다.

이처럼 AI는 ESG 정보 활용의 비용을 낮춤으로써 ESG 투자의 문턱을 허물어준다. 다시 말해 금융기관들은 AI를 통해 ESG를 단순한 마케팅 수단이 아니라 실질적인 리스크 관리 수단이자 수익 창출의 핵심 동력으로 삼을 수 있다는 뜻이다.

소비의 혁명: '귀찮음'의 해결과 가치 소비의 자동화

ESG 경제 생태계의 마지막 퍼즐은 '소비자'다. 기업이 좋은 제품을 만들고 금융이 자본을 대줘도 결국 최종 소비자의 지갑이 열리지 않으면 선순환은 완성되지 않는다.

문제는 그동안 "ESG 가치에 공감한다."라고 말하는 소비자는 많았지만, 실제 구매로 이어지는 비율은 기대에 못 미쳤다는 점이다. 인간의 의사결정에는 '귀찮음'과 '정보 피로도'가 상당한 영향을 미친다. 환경과 사회 문제에 깊은 관심이 있는 사람에게조차 매번 제품 뒷면의 복잡한 인증 마크를 해독하고, 기업의 윤리적 논란을 일일이 검색해 비교하는 일은 대단히 피곤한 노동이다. 일반 대중에게 매 순간 이런 윤리적 잣대를 들이대며 쇼핑하라고 기대하는 것 자체가 애초에 무리였을지 모른다.

하지만 다가올 'AI 에이전트' 시대는 소비자의 이 치명적인 귀찮음을 단번에 해결해줄 수 있다. 소비자는 이제 직접 정보를 찾아 인터넷의 바다를 헤맬 필요가 없다. 나의 가치관을 학습한 AI 개인 비서가 수만 개의 제품 데이터를 실시간으로 스캔해 내게 딱 맞는 상품을 찾아내고, 알아서 결제까지 진행한다. 예를 들어 소비자가 AI에게 "앞으로 샴푸나 화장품을 살 때는 탄소 배출량이 적고 동물 실험을 하지 않은 제품만 골라줘."라고 단 한 번만 프롬프트를 입력해두면 그만이다.

AI는 과도한 시간이나 노력을 들이지 않고도 "착한 소비를 하고 싶다."라는 소비자의 막연한 선의를 실시간 데이터와 연결해 즉각적인 '구매 행동'으로 전환시킨다. 유권자가 투표로 세상을 바꾸듯, 소비자는 AI 에이전트라는 무기를 통해 매일 자신의 지갑으로 기업을 심판하고 변화시키는 가장 강력한 '가치 투표권'을 행사하게 될 것이다.

기업, 금융, 소비자를 관통하는 ESG 생태계의 완성은 '데이터의 연결'에 달려 있다. 그동안 파편화되어 죽어 있던 정보들은 AI라는 거대한 혈관을 타고 비로소 자본 시장과 소비 경제의 최전선으로 맹렬하게 흐르기 시작했다. 투명한 데이터로 무장하지 못한 기업은 이제 자본의 선택도 받을 수 없고, 소비자의 지갑도 열 수 없다. 다가오는 AI 시대, 정교한 ESG 데이터 경영은 단순한 규제 대응을 넘어 기업의 사활을 결정짓는 가장 강력한 생존 무기다.

거대한 세 개의 파도,
당신의 기업은 어디로 향하고 있는가

〈격동 50년〉이라는 라디오 다큐멘터리 드라마가 있었다. 광복 후 한국 현대사의 굴곡을 생생하게 담아낸 이 제목처럼, 2025년 대한민국은 다시 한번 거대한 격동의 한복판을 지나왔다.

12·3 내란 사태와 조기 대선, 그리고 이재명 정부의 출범이라는 전례 없는 정치적 소용돌이 속에서 우리는 민주주의의 회복탄력성을 치열하게 시험받았다. 바다 건너의 상황도 다르지 않다. '미국을 다시 위대하게'를 외치는 트럼프의 귀환은 기존의 국제 질서와 룰을 송두리째 뒤흔들고 있으며, 무섭도록 빠르게 발전하는 AI는 인류의 삶과 산업의 공식을 근본적으로 파괴하고 재창조하고 있다.

우리는 지금 세 가지 거대한 변화가 충돌하는 십자로에 서 있다. '트럼프가 세운 자국 우선주의라는 장벽', 'AI가 가져온 파괴적 혁신', 그리고 '그 틈바구니에서 새로운 생존을 모색하는 한국 정부와 기업의 고심'이다. 누군가는 트럼프의 당선과 정책적 후퇴를 보며 성급하게 'ESG의 종말'을 선언한다. 하지만 사실 이 모든 격변의 교차로 중심에는 여전히 ESG가 굳건히 자리하고 있다.

ESG는 채점표가 아니라 생존 전략이다

지금까지 기업들이 해왔던 ESG는 냉정히 말해 '시늉'에 불과했다. 기업의 책상 위에는 늘 먼지를 뒤집어쓴 지속가능경영보고서가 쌓여 있었다. 글로벌 평가사의 등급을 잘 받기 위해, 혹은 투자자의 압박을 모면하기 위해 방대한 탄소 배출량과 공급망 데이터를 기계적으로 수집했을 뿐이다.

친환경 포장재를 도입했다며 대대적으로 홍보하면서도 정작 핵심 제조 공정의 막대한 탄소 배출은 방치하는 그린워싱이 난무했고, 노동자의 실질적인 안전보다 서류상의 무재해 기록을 우선시하는 촌극이 산업 현장 곳곳에서 벌어졌다. 모두가 데이터가 중요하다고 외쳤지만 정작 경영의 핵심 의사결정과 자본 배분에 그 데이터를 제대로 녹여낸 곳은 거의 없었다. ESG가 현장의 치열한 비즈니스 본질과 유리된 채 홍보팀이나 전담 부서만의 '행정적 숙제'로 전락했기 때문이었다. 바람이 조금만 불거나 정권의 색깔이 조금만 바뀌어도 기업들이 쉽게 "이제 ESG는 끝났다."라며 축소를 입에 올리는 이유는, 애초에 그것이 생존을 위한 무기가 아니라 억지로 걸친 장식품에 불과했기 때문이다.

하지만 진짜 ESG는 착한 기업으로 포장하기 위한 채점표가 아니다. 그것은 기업이 사회와 어떻게 호흡하고, 한정된 자원을 바탕으로 어떤 미래 가치를 창출할 것인가를 묻는 삶의 태도이자 치열한 생존 전략이다.

AI가 가져올 '보이지 않는 ESG'의 시대

이 지점에서 AI의 등장은 판을 엎는 게임 체인저다. 우리가 그동안 창고에 처박아 두기만 했던 죽은 ESG 데이터는 AI라는 혁신적 엔진을 달 때 비로소 가장 예리한 무기로 부활한다. AI는 인간의 눈으로는 파악할 수 없는 수만 개의 파편화된 데이터 속에서 공급망의 숨은 인권 리스크를 찾아내고, 탄소 배출을 최소화하는 최적의 공정을 실시간으로 설계해낸다. 대중이 무엇에 분노하고 무엇에 열광하는지 그 복잡한 사회적 요구와 리스크를 읽어내어 경영진의 직관을 보조하는 완벽한 나침반이 된다.

공기나 언어처럼 우리에게 진정으로 중요한 것들은 눈에서 사라져 삶의 양식 그 자체에 녹아든다. 앞으로 AI가 실시간으로 분석하고 판단하는 ESG 리스크는 굳이 겉으로 내세울 필요조차 없는 경영의 당연한 상식, 즉 '보이지 않는 ESG'로 진화할 것이다. 트럼프의 입이 어디를 향하든 상관없다. 기업의 본질은 수익 창출이며, 지속적인 수익을 내기 위해서는 시대의 흐름과 대중의 요구를 정확히 읽어야 한다는 진리는 결코 변하지 않기 때문이다.

무엇을 잊고 무엇을 남길 것인가

우리는 지금 새로운 '격동 50년'의 출발점에 서 있다. 지난 역사의 수많은 위기를 넘기고 마지막까지 살아남은 주인공들은 언제나 시대의 부름에 가장 먼저 응답한 이들이었다.

이 거대한 전환의 문턱에서 우리는 무엇을 잊고 무엇을 남겨야 할까. 우리는 너무 빨리 잊는다. 쉽사리 어제의 위기를 오늘의 일상으로 치환하고, 과거의 교훈을 유행 지난 유산으로 여긴다. 하지만 버려야할 것과 지켜야 할 것은 분명히 구분해야 한다.

정치적 수사로 점철된 안티 ESG의 소음이나, 종이 빨대를 쓸 것인가 말 것인가 하는 지엽적인 논쟁은 이제 과감히 잊어도 좋다. 그러나 본질은 결코 잊어선 안 된다. ESG의 진짜 본질은 결국 '소통'이다. 기업이 돈을 벌기 위해, 사회가 지속하기 위해, 구성원들이 무엇을 열망하고 걱정하는지 끊임없이 살피고 그 모인 마음을 읽어 응답하는 능력이 바로 ESG다. 지금까지의 ESG가 명분과 당위에 매몰되었다면,

이제는 그 허울을 벗겨내야 할 시간이다.

격동의 시대, 우리가 붙잡아야 할 것은 먼지 쌓인 서류 뭉치가 아니라 AI라는 렌즈를 통해 분석해낼 사람들의 진심이다. 보이지 않는 공기가 생명을 지탱하듯, 이제 ESG는 기업의 모든 DNA에 스며들어 숨 쉬듯 보이지 않게 작동하는 새로운 본능이 될 것이다. 불확실성의 시대에 이 본능만이 우리의 생존을 담보할 유일한 열쇠다.

Advanced Power Alliance (APA). (2025). Clean Energy Industry Impact Report on Texas.

BlackRock. (2023). Larry Fink's Remarks at the Aspen Ideas Festival.

California State Legislature. (2023). Senate Bill No. 253 & 261.

EcoVadis. (2025). The State of Global Supply Chain Sustainability 20250.

Executive Office of the President. (2025, February 10). Executive Order 14208: Restoring Common Sense in Federal. The White House.

Executive Office of the President. (2025, February 4). Executive Order on the Establishment of the United States Sovereign Wealth Fund.

Freedom House. (2025). Freedom in the World 2025: Global Survey.

Google. (2024). Environmental Report 2024.

International Energy Agency (IEA). (2024). Electricity 2024: Analysis and Forecast to 2026.

Lazard. (2024Levelized Cost of Energy Analysis – Version 17.0

List, F. (1841). The National System of Political Economy.

Marshall, T. (2015). 지리의 힘.

Microsoft. (2024). Environmental Sustainability Report.

National Oceanic and Atmospheric Administration (NOAA). (2025). Billion-Dollar Weather and Climate Disasters: Historical Data Analysis.

Norges Bank Investment Management (NBIM). (2025). Annual Report on Government Pension Fund Global 2024.

Office of the United States Trade Representative (USTR). (2020). Agreement between the United States of America, the United Mexican States, and Canada (USMCA).

Patagonia. (2022). Ownership: Earth is now our only shareholder.

Trump, D. J. (2024). Official Campaign Statement on ESG and Retirement Funds.

U.S. Energy Information Administration (EIA). (2025). Short-Term Energy Outlook: U.S. Crude Oil Production.

U.S. Securities and Exchange Commission (SEC). (2025). Implementation of the Holding Foreign Companies Accountable Act (HFCAA) Amendments.

United Nations Framework Convention on Climate Change (UNFCCC). (1992). UN 기후변화 기본협약문.

USTR (Office of the United States Trade Representative). (2020). USMCA Agreement.

국정기획위원회. (2025). 이재명 정부 국정운영 5개년 계획 및 123대 국정과제. 대한민국 정부.

대한민국 국회. (2025). 상법 일부개정법률안.

대한민국 국회. (2026). 인공지능 산업 육성 및 신뢰 기반 조성 등에 관한 기본법.

대한민국 정부. (2025). AI 전환(AX) 국가 행동계획: GPU 확보 및 컴퓨팅 센터 구축.

현대제철. (2025). 미국 루이지애나 합작법인 투자 공시. 금융감독원 DART.

AI 시대, 트럼프와 이재명의 ESG 전쟁

초판 1쇄 발행 2026년 3월 30일

지은이　　　김태한
펴낸이　　　신현만
펴낸곳　　　(주)커리어케어 출판본부 SAYKOREA

출판본부장　박진희
책임편집　　손성원
편집　　　　김선도
마케팅　　　허성권
디자인　　　육일구디자인

등록　　　　2014년 1월 22일 (제2008-000060호)
주소　　　　04779 서울시 성동구 성수일로 39-34 서울숲더스페이스 12F
전화　　　　02-2286-3813
팩스　　　　02-6008-3980
홈페이지　　www.saykorea.co.kr
인스타그램　instagram.com/saykoreabooks
블로그　　　blog.naver.com/saykoreabooks

ⓒ (주)커리어케어 2026
ISBN 979-11-93239-38-4　03320